총체적
딴따라의
방

나를 위한 하루 시리즈 〈나를 위한 하루〉 시리즈는 숨 쉴 틈조차 없이 바쁘게 살아가는 사람들을 하루 위한 쉼과 재충전, 치유와 회복을 위해 만들었습니다. 빡빡한 일상에서 시리즈 이리저리 부대끼며 살아갈 때, 매일 열심히 뛰며 노력하지만 정작 아무 만족감 없이 밀려드는 공허함을 느낄 때, 나 자신을 돌아보며 스스로에게 충실한, 선물 같은 하루를 드리고자 합니다.

총체적 딴따라의 방

창조적 삶을 위한 방황 산문집

초판 1쇄 발행 2023년 12월 25일

지은이. 에이유닛(김수미)
펴낸이. 김태영

씽크스마트 책 짓는 집
경기도 고양시 덕양구 청초로66
덕은리버워크 지식산업센터 B-1403호
전화. 02-323-5609

홈페이지. www.tsbook.co.kr
블로그. blog.naver.com/ts0651
페이스북. @official.thinksmart
인스타그램. @thinksmart.official
이메일. thinksmart@kakao.com

ISBN 978-89-6529-052-0 (03810)

•**씽크스마트** - 더 큰 생각으로 통하는 길
'더 큰 생각으로 통하는 길' 위에서 삶의 지혜를 모아 '인문교양, 자기계발, 자녀교육, 어린이 교양·학습, 정치사회, 취미생활' 등 다양한 분야의 도서를 출간합니다. 바람직한 교육관을 세우고 나다움의 힘을 기르며, 세상에서 소외된 부분을 바라봅니다. 첫 원고부터 책의 완성까지 늘 시대를 읽는 기획으로 책을 만들어, 넓고 깊은 생각으로 세상을 살아갈 수 있는 힘을 드리고자 합니다.

•**도서출판 큐** - 더 쓸모 있는 책을 만나다
도서출판 큐는 울퉁불퉁한 현실에서 만나는 다양한 질문과 고민에 답하고자 만든 실용교양 임프린트입니다. 새로운 작가와 독자를 개척하며, 변화하는 세상 속에서 책의 쓸모를 키워갑니다. 흥겹게 춤추듯 시대의 변화에 맞는 '더 쓸모 있는 책'을 만들겠습니다.

•**천개의마을학교** - 대안적 삶과 교육을 지향하는 마을학교
당신은 지금 무엇을 배우고 싶나요? 살면서 나누고 배우고 익히는 취향과 경험을 팝니다. 〈천개의마을학교〉에서는 누구에게나 학습과 출판의 기회가 있습니다. 배운 것을 나누며 만들어진 결과물을 책으로 엮어 세상에 내놓습니다.

자신만의 생각이나 이야기를 펼치고 싶은 당신.
책으로 사람들에게 전하고 싶은 아이디어나 원고를 메일(thinksmart@kakao.com)로 보내주세요.
씽크스마트는 당신의 소중한 원고를 기다리고 있습니다.

총체적 딴따라의 방

프롤로그

레퓨기움, 피난처

Refugium

2012년 서울로 이사하고 마치 여행하듯 곳곳을 다녔다. 주로 미술관과 영화관, 힙하다는 공간과 카페였다. 좁은 집을 점령하다시피 한 세 남자와 수컷 고양이를 피해 나만의 시간을 가지고픈 욕망도 있었다. 주로 전시를 보고 편안히 머물 수 있는 달달한 커피가 있는 카페였다. 편안히 머물 수 있다는 것은 사람이나 음악 소리가 지나치게 시끄럽지 않고, 햇살이 잘 비치고, 색연필과 드로잉 스케치북을 놓아도 될 만큼 안정감 있는 테이블을 의미했다.

파리를 다녀온 후 여러 마켓과 일러스트레이션 페어를 나갔다. 갈수록 공간에 대한 필요가 더 간절해졌다. 나 자신에게 오롯이 집중하고 싶은 내 공간. 보증금과 유지비용 때문에 가로막혔지만, 갈수록 갈망은 더 커져서 강추위가 들이닥친 날에도 매물을 보러갔다.

누군가의 귀띔으로 한 장소를 보러갔다. 시장통 인쇄소 위에 있던 그 공간을 보자마자 계약을 했다. 삐걱거리는 나무계단을 올라 낡은 방문을 열면 햇살이 가득 비치는 작은 마법 같은 공간이 펼쳐졌다. 카페를 찾아 헤매던 나에게 마침내 내 공간이 생기면서 큰 원동력이 되었다.

작업실을 만들고 그 공간에 대한 애정과 다양한 작업 욕구로 작업실은 곧 다양한 물건으로 채워졌다. 스피커를 옮겨왔고, 마스터건반을 구해서 컴퓨터로 음악작업을 할 수 있게 되었다. 이 공간에 머무는 동안 코로나가 터졌고, 이 작업실이 있었기에 집에만 갇혀있지 않을 수 있었다. 또 클럽하우스 앱을 통해 다양한 직군의 사람들과 예술가를 알게 되었다. 그들과의 만남을 통해 내 안에 있는 크고 작은 욕망과 아픔과 환희를 마주했다. 1년이 채 되지 않는 시간이었지만 마치 몇 년 동안 일어날법한 일들이었다. 또, 아크에서 시각예술과정을 밟으면서 음악으로 소그룹활동을 해보기도 했다.

새 공간을 찾기 시작하면서 아는 분의 전시를 찾게 되었다. 자연스럽게 공간에 대한 이야기가 나왔고 그 분의 소개로 새

공간을 만나게 되었다. 한동안 방치되었던 터라 무더위에도 직접 페인트칠과 바닥 공사를 진행했다. 기존의 장비에 더해 집에 있던 음악 장비를 가져왔고 오디오플랫폼에서 직접 방을 운영하며 활동을 하기 시작했다.

바로 '총체적 딴따라의 방'이었다.

나에게 작업실이란 공간은 그저 '장소'에 국한되는 것이 아니다. 자아와 작업을 확장하고 또 다양한 사람들을 통해 새로운 우주를 만나는 경험을 하는 곳이다. 이제 작업실 시즌3을 준비 중이다.

꿈꾸는 것은 허황된 것이 아니라는 것을 작업실을 옮겨가며 더 깨달았다. 좀 느릴 수 있고 시기와 형태가 약간 다를 수 있지만 지도위에 손가락으로 찍어낸 좌표처럼 꿈을 꾸고 길을 찾으면 그것에 어느덧 닿아있다.

나는 백발의 할머니가 될 때까지도 계속 작업을 이어가고 영혼이 성장하고 싶다. 아니 그렇게 할 것이다. 그리고 그 과정 가운데 숱한 사람들과 만나 새로운 우주를 이루고 함께 성장하는 삶을 나눌 것이다.

CONTENTS

1장

예술의 도시를 향해 뻗은 희망과 불안

tour eiffel à paris

공부가 하고 싶었다. 음악이든 미술이든, 예술을 공부하고 싶었다. 그리고 그건 꼭 파리여야 했다. 교육과정 하나를 정식으로 끝내면 예술가라는 정체성을 떳떳하게 세상에 밝히고, 또 인정받을 수 있을 것 같아서. 그저 막연한 동경의 세상이었던 예술의 도시를 직접 눈으로 확인하고 발로 밟아보고, 공기를 마시고, 부대껴보고 싶었다. 그러면 막막한 다음 인생의 항로에 대한 답을 찾을 수 있을 것 같아서 말이다.

또 한편으로는 현실적인 모색이었다. 여행 전. 나는 현실적으로 어떻게 하면 예술가로 살아갈 수 있을지 방법을 모색했다. 만약 외국에서 예술 공부를 할 기회를 잡는다면 프랑스, 영국, 독일, 네덜란드 중에서 고르고 싶었다. 열심히 각 나라별 예술학교 졸업생들이 쓴 책들을 사 모았고 읽어댔다. 새로운 삶을 꿈꾸며 내 마음은 운명의 첫사랑을 마주한 것처럼 쿵쾅쿵쾅 떨렸다. 내 선택은 파리였다.

내 마음을 사로잡았던 반 고흐가 활동하고 머물렀던 곳이었던 파리에서 나와 가족들은 생존할 수 있는 건지 현실을 확인하고 싶었다. 유학하는 동안은 학생 신분으로 합법적으로 머무를 수 있으며 가족들과도 함께 할 수 있지 않을까 하는 생각에.

지금 파리에 가도 될까요?

홍대 근처를 걷다 답답하고 흔들리는 마음을 어떻게라도 붙잡고 싶어서 난생 처음 충동적으로 타로집에 들어가 물었다.

"지금 파리에 가도 될까요?"

나의 불안하고 흔들리는 눈빛 때문일까. 타로 해석은 갈팡질팡하는 내 여행에 시동을 걸어주었다. 타로집 언니는 마치 오래 알던 사람처럼 문 앞까지 배웅 나와 꼭 파리에 다녀오라며 신신당부했다.

'꼭 다녀오세요!'

미피도, 딕부르너도 이미 알고 있었지만 스키폴 공항 아트용

다음 날, 나는 쿵덕거리는 가슴을 부여잡고 마음이 또 안개처럼 흩어져 버리기 전에 비행기 표를 샀다. 최대한 밝은 낮에 오래 머물 수 있는 여정으로, 되도록 안전한 항공편을 정했다. 긴 비행시간동안은 잠을 청하고 밝은 낮에 더 많은 것들을 눈에 담아두고 싶어서 비행기 탑승시간과 환승시간을 정말 열심히 조정했다. 네덜란드의 암스테르담에 잠시 경유했다 드골 공항으로 가는 여정이었다. 동트기 전 새벽, 암스테르담 스키폴 공항에 도착했다.

품 가게에 가득 들어찬 캐릭터 상품과 그림책들, 아트 상품들을 보니 새삼 네덜란드에 왔다는 사실이 신기하게 느껴졌다.

공항은 이른 시간이라 인적이 드물었다. 나는 대기석 쪽으로 다가가다 커다란 시계 하나를 발견했다. 네모난 틀 안에 시침과 분침이 있고 하얀색 밝은 조명으로 빛나고 있었다. 그런데 뭔가 내 시선을 끌었다. 사람의 그림자 같은 것이 어른거렸기 때문이다.

멀리서 얼핏 보고는 진짜 사람인지 확인하기 위해 바로 앞까지 다가갔다. 한참 비디오 촬영을 하며 지켜보았다. 시계의 빛 뒤에 실제로 사람이 있는 것처럼 보였지만 사실은 시계 바늘을 그렸다 지웠다 하는 사람의 그림자를 촬영한 것을

재생하고 있는 듯했다. 그림자로만 확인 할 수 있는 그 사람의 실루엣은 굉장히 정성스럽게 몇 분 단위로 분침과 초침을 조심스레 지우고 또 조심스레 다시 그렸다. 자기 몸집만한 화폭에 그림을 그리는 화가의 모습과 전혀 다르지 않았다. 사고가 경직되어 있는 나 같은 사람에게는 이 작품이 충격적이고 흥미롭게 다가왔다. 이런 역동적인 시계를 고안해내고 공공장소에 비치할 수 있다니.

진정한 예술가란 거창한 사물을 재료로 엄청난 작품을 창조하기보다, 시계처럼 사소하지만 나에게 의미 있는 무언가를 예술로 승화시키는 사람이 아닐까 생각했다.

낯선 여행자의 호된 신고식

암스테르담 공항의 여운을 품고 비행기를 바꿔 탔다. 드디어 도착한 드골 공항. 하지만 내리자마자 공항버스 티켓팅부터 어려움의 연속이었다. 한국식 디지털 버튼에 익숙한 나는 파리의 아날로그식 둥근 버튼이 너무 어려워 30분 이상 끙끙거렸다. 화면에서 터치하며 해결하면 좋을 텐데 둥근 버튼을 이리저리 굴리며 위치를 정하고 입력할 때마다 눌러대야 했다. 카드는 또 어디 대고 결제해야 할까? 산더미 같은 짐을 끌고 가는 내가 안쓰러워 보였는지 어떤 외국인(아니, 내가 외국인이고 그가 현지인이었겠지?)이 가방을 올리고 내릴 때 도와줬다.

공항버스는 파리 시내에 나를 떨궜다. 그때부터 또다시 나만의 싸움이 시작되었다. 먼저 파리 시내버스와 지하철을 이용할 수 있는 나비고를 끊어야 했다. 한 번 숨을 고르고 심기

일전해 지하철역으로 내려갔다. 그리스 신화의 페르세포네가 저 아래 하데스의 지하세계로 끌려 내려갔을 때 이런 느낌이었을까.

말도 안 되는 짧은 영어로 창구에서 정기권을 사는 데 성공했다. 창구 직원은 내 사진을 붙여줬고 사진 아래에 사인하라는 말에 나는 아무 생각 없이 한글로 내 이름 석 자를 적었다. 지하를 빠져나오면서 정신을 차리고 보니 왜 영어로 안 쓰고 한글로 썼지 하는 생각이 퍼뜩 들었다. 프랑스에서 누가 한글로 적힌 내 이름을 알아본다고. 그저 위기 상황에서는 몸에 배인 습관으로 움직이는구나 하며 나도 모르게 헛웃음을 지었다. 정기권을 사기 직전 정류장에 서 있던 어떤 사람이 내 버스표를 보고 불어로 뭐라고 말했는데 내가 뭘 잘못했나 싶어서 가슴이 철렁했다. 다행히 이후에 특별한 일이 일어나진 않았다. 과연 그 사람은 나에게 무슨 말을 한 걸까? (어디서 샀냐고 한 걸 수도 있고, 그냥 지나가는 수다일 수도 있겠지만, 나는 여전히 궁금하다.)

어쨌든 숙소 앞에 나를 데려다 줄 버스(무사히 데려다 주리라 기대했다)에 무사히 탑승했다. 한인 민박 스텝과 만나기만 하면 무거운 마음의 짐을 내려놓을 수 있으리라는 생각에 안도의 한숨을 내쉬었다. 마음이 한결 가벼워지니 버스 밖 파리 시내 풍경이 눈에 들어왔다. 널찍한 도로 양 옆에 시원스레 뻗어있는 가로수와 얇은 코트를 걸치고 걸어가는 사람들.

밤의 카페 사람들 저 사람들 중에 누가 예술가일까?

그렇게 잠시 풍경에 정신이 팔려있던 사이, 갑자기 도착해야 할 정류장이 아닌 곳에서 버스가 멈췄다. 버스 기사가 어떤 말을 하자 사람들이 우르르 다 내렸다. 갑작스러운 상황에 당황한 나는 뒷문에서 밖을 바라보았고, 이미 버스에서 내린 승객은 여지없이 불어로 나에게 손짓하며 뭐라고 열심히 설명했다. 나는 하나도 알아들을 수 없었다. 그들이 손으로 가리키는 버스 뒤쪽을 보니 다른 버스가 있었고 사람들이 그리로 옮겨 타고 있었다. 나는 서둘러 거대한 여행 가방을 챙겨 다시 끙끙거리며 다른 버스로 옮겨 탔다.

차는 평화롭게 출발했고 나는 몇 분 지나지 않아 등에서 서늘함을 느꼈다. 등이 너무 허전했다. 자물쇠를 채워둔 무거운 가방을 의자에 잠시 풀어두었던 게 뒤늦게 생각났다. 심장이 벌렁거리고 땀이 나면서 머리가 새하얘졌다. 운전석에 다가가 가방을 버스에 두고 내렸다고 떠듬떠듬 단어를 조합해서 설명했고, 버스 기사는 능숙한 영어로 나에게 다시 여러 번 되물었다.

그는 우리가 내린 버스 기사에게 연락해 가방이 있다는 사실을 확인하고 나에게 버스 회차 구역에서 가방을 받을 수 있다고 친절히 말해주었다. 나의 멘탈은 부서진 달고나 과자처럼 산산조각 났다. 넋이 나간 상태로 숙소에 도착했고, 스태프는 청소 시간이라 잠시 숙소에서 나가 있어야 한다고 했다. 파리에선 소매치기당하기 일쑤이며 잃어버린 물건은 다시 찾기 어렵다는 이야기를 많이 들었다. 하지만 정작 내 일이 되자 세상이 다 무너지는 느낌이었고 가능하다면 당장 한국으로 돌아가고 싶었다.

큰 캐리어만 덜렁 내려놓고 숙소 밖으로 나오자 다시 험한 파리 땅에 내동댕이쳐지는 기분이었다. 어쨌든 살아야 하니까 동네를 둘러보니 스타벅스가 있었다. 익숙한 로고의 초록색 인어 언니가 이토록 마음의 안정을 준 적이 있었던가?

버스 탈 용기, 그거면 충분해

무사히 주문을 마치고 구석 자리에 앉아 와이파이를 잡고 가족에게 영상 통화를 걸었다. 가족의 얼굴과 목소리를 확인하자마자 눈물이 핑 돌았다. 나는 어쩌자고 여기까지 이렇게 생쇼를 하며 파리에 왔을까. 가방을 잃어버렸다 찾아서 식겁

했고 지금은 숙소에 들어갈 수 없어서 밖에서 기다리고 있다고 말했다. 첫날에 이미 너무 힘들어서 남은 일정들을 어떻게 소화할 수 있을지 모르겠다는 하소연과 함께. 남편은 아이들을 어떻게 등교시켰는지 집의 상황을 간단히 알려주었다. 오랜만에 나누는 익숙한 언어와 사람과의 일상에 대한 대화가 이토록 소중한 것이었는지 새삼 느꼈다. 잠깐 대화를 하며 그래도 무사히 파리에 도착했다는 사실을 실감할 수 있었다. 마음의 지지대가 되어준 가족과의 짧은 통화가 끝나자 마음이 한결 안정되었다. 그제서야 주변 풍경이 조금씩 보이기 시작했다. 한 신사는 카페 창가에 앉아 천천히 커피를 마시고 있었고 카페 앞 사거리에는 차들이 다니는 작은 교차로였다. 교차로 쪽이 보이는 창가너머로 작은 간이 판매점이 보였다. 한국에도 있는 신문과 잡화 등을 파는 작은 가게였다. 커피를 마시며 그 장면을 보자 문득 드로잉이 하고 싶어 드로잉북과 색연필을 끄집어냈다. 나에게 가장 익숙한, 살아있음을 느끼게 해주는 드로잉의 순간. 그림을 그리는 동안은 마음이 좀 더 부드러워지고 자신감이 솟았다. 그래, 여기도 사람이 사는 도시야.

카페인으로 몸을, 영상 통화로 마음을 충전하니 다시 버스를 탈 용기(!)가 생겼다. 버스를 타고 에펠탑을 보러 가기로 했다. 어디가 가까운 정류장인지 몰라 에펠탑에서 조금 떨어진 곳에서 내렸지만 이제는 얼마든지 파리 거리를 느낄 준비가

Pharmarket

Pharmarket

되었기에 급하지 않았다.

작게 보이던 에팔탑이 점점 크게 다가올 때까지 천천히 걸어갔다. 조금씩 해가 지고 있었다. 산책하는 사람들이 보였다. 어디선가 공을 차는 아이들의 소리도 들렸다. 근처 경기장에서 축구 경기가 한창이었다. 그 너머로는 꽤 근사한 호텔이 보였다. 왼쪽 길 건너편에 빨간색 차양막이 있는 카페가 보였다. 골목 사이로 멀찌감치 에펠탑이 보였다. 주황색 불빛이 켜진 에펠탑을 이리저리 찍고 한참을 바라보았다.

사람들은 멋진 풍경을 배경으로 자신의 모습을 끼워 넣어 인증샷을 남긴다. 나도 그럴 때가 있다. 하지만 예상치 못한 순간, 마음을 푹 찌르고 들어오는 풍경이 있다. 마법처럼 마주한 그날의 순간. 빨간 차양막의 카페와 점등된 에펠탑 그리고 짙은 색으로 어두워져가기 시작한 하늘의 색깔. 그 시간과 그 장면이 그랬다. 원래 해가 지는 무렵의 하늘색과 노을, 한낮의 온도가 식어가는 서늘한 밤공기를 사랑한다. 공기마저도 완전히 새로운 시공간에 머무는 듯한, 심장이 터질 것 같던 순간.

나는 그 순간을 그려서 서울일러스트레이션 페어에 가지고 나갔다. 그림을 보던 한 사람이 이곳을 안다고, 그림처럼 에펠탑이 보이는 호텔에서 묵었다고 했다. 우리는 그 공간을 함께 공유했다는 희열을 함께 나누었다. 잠시 스쳐 지나가는 사이지만 우리가 어느 곳에서 한 순간 같은 곳을 마주했다는 것

마법처럼 마주한 그날의 순간. 빨간 차양막의 카페와 점등된 에펠탑 그리고 짙은 색으로 어두워져가기 시작한 하늘의 색깔. 그 시간과 그 장면이 그랬다. 원래 해가 지는 무렵의 하늘색과 노을, 한낮의 온도가 식어가는 서늘한 밤공기를 사랑한다. 공기마저도 완전히 새로운 시공간에 머무는 듯한, 심장이 터질 것 같던 순간.

만으로도 큰 울림이 됐다.

아마 여행을 떠난다는 것, 익숙한 일상을 벗어나 새로운 곳을 낯선 시선으로 바라본다는 것은 바로 이러한 희열 때문이 아닐까. 내가 골목을 걷다가 만난 에펠탑 풍경이 지금은 어떻게 변했을지 궁금하다. 그 풍경을 그린 그림을 들고 다시 파리를 방문하는 날을 기대한다. 그 시간을 통해 다시 만나게 될 사람들도.

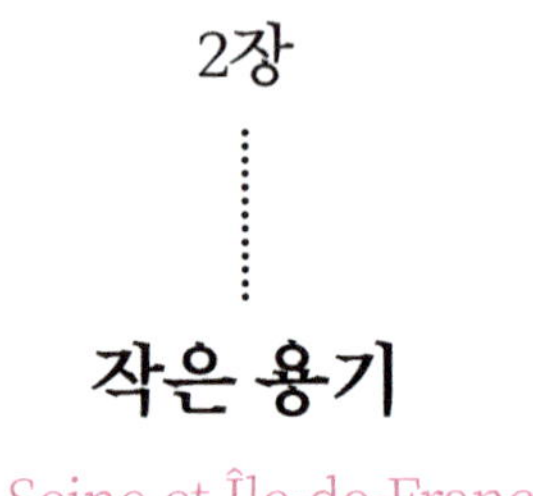

2장

작은 용기

La Seine et Île-de-France

흐린 구름 사이로 해가 보였고 햇빛이 따스하게 비쳤다. 하얀 솜뭉치 같은 구름은 오랜 건물을 감싸듯 모여 있었다. 한숨과 두려움을 흘려보내고 맞이한 둘째 날 아침, 나는 센 강

으로 나가 이름을 알 수 없는 다리 위에 섰다.

뭉게뭉게 모여 있던 구름이 흩어지고 점점 맑게 개인 파리를 간직해 두고 싶어 부끄럽지만 조심스럽게 셀카를 찍었다. 누군가 셀카를 찍는 나를 본다고 생각하니 부끄러워 이리저리 눈치를 살피며 카메라를 바라봤다. 작은 용기를 내었기에 그날의 하늘과 센 강 속에 내가 남겨질 수 있었다. 그 날의 작은 용기 같은 순간을 한웅큼씩 모을수록 앞으로 후회도 원망도 없는 삶을 살 수 있지 않을까.

자물쇠에 담긴 의미

꽤 괴상하다고 생각했던 영화 《퐁네프의 연인들》(1992)을 기억한다. 영화 덕분에 알게 된 파리의 다리 중 하나가 '퐁 뇌프(Pont Neuf)'였다. 지도를 보며 '이곳이 퐁 뇌프야!'라고 외치며 아주 천천히 걸었다. 센 강의 폭은 넓지 않았기에 너무 빨리 건너지 않으려고 노력했다.

퐁 뇌프를 지나 '퐁 데 자르(Pont des Arts)'로 갔다. 나폴레옹 시절에 지어진 매우 오래된 '예술의 다리'였는데 서울의 남산 타워에서 보던, 꽤나 친근한(?) 자물쇠가 걸려 있었다. 영원한 사랑을 바라지 않는 연인은 없을 것이다. 그 간절한 마음을 담아 자물쇠를 채워두었을 테고. 하지만 연인 사이에 일어나

끝없는 욕망을 따라 변해가는 인간의 마음을 붙잡아두려는 행위만큼 덧없는 것이 또 있을까. 어떤 관계는 변해가는 마음과 태도를 견디지 못해 거기서 멈추기로 한다. 어떤 관계는 시작이 그리 강렬하지 않지만 아주 오랫동안 은근히 지속된다. 어떤 관계는 한 사람이 변해가는 모습에 다른 이가 영향을 받아 변하고, 그렇게 서로 영향을 주고받으며 계속 이어지기도 한다.

는 화학적인 반응과 감정은 변하고 옅어지기 마련이다. 우리는 어떤 수단을 통해서라도 그것을 붙잡아두려고 한다. 문서와 자물쇠 같은 물성으로 마음이 바뀌지 않길 바라면서.

우리는 때로 순간적인 관점으로 사랑을 정의한다. 하지만 시간이라는 운명적인 변수를 넣어서 생각해보면, 사랑은 뜨거운 용광로 같은 시간을 한참 통과하고 나서야 비로소 새롭게 해석한 다음 받아들일 수 있다. 그 시간을 통과하는 동안은 열기와 온도를 감당하기가 힘들어 그저 순간을 온 몸으로 받아들일 수 밖에 없다. 퐁 데 자르의 철제 난간이 자물쇠의 무게를 견디지 못해 철거되었다는 이야기를 들었다. 무엇이든 오래간다는 것은 무겁고 강렬하기만 할 수 없다는 생각을 하게 되었다. 사람의 마음을 붙들어 두기 위해 온갖 방법을 다해 노력해도 결국 그렇게 무거워지고 과해진 노력과 올가미는 관계를 더 빠른 속도로 무너뜨리는 것 같다. 마치 저 난간처럼.

계속 걷다가 루브르 박물관(Musée du Louvre)과 유리 조형물인 루브르 피라미드(Pyramide du Louvre)를 발견했다. 숱한 여행 가이드에서 파리에서 문화와 예술을 감상하길 원하는 사람이라면 꼭 가 봐야 한다고 손꼽는 곳이다. 하지만 나는 여러 일정에 밀려 루브르 박물관을 그저 스쳐 지나갔다.

언젠가 루브르 피라미드 앞에서 사람들이 재미있고 멋있는 포즈로 찍은 사진을 봤다. 바람이 차가웠지만 루브르 피라미드 근처에서 사진을 찍는 많은 사람들은 아랑곳하지 않았다. 나도 이곳에서 사진 한 장 정도는 남겨도 좋지 않을까 생각했지만, 큰 피라미드와 내가 멋지게 나오도록 사진을 찍을 엄두가 나지 않았다. 누군가와 함께 갔다거나, 그곳에 얽힌 사연이나 간절한 마음이 있었다면 귀찮음과 부끄러움을 무릅쓰고 찍지 않았을까. 결국 루브르 박물관과 유리 피라미드는 여행이 끝날 때까지 내 마음을 붙잡지 못했다.

많은 사람들이 좋아하는 멋진 무언가가 모든 사람에게 큰 의미를 줄 수는 없다. 나에겐 멋지고 위대한 예술가가 되고 싶다는 욕망이 있었지만 내 자원과 상황은 목표에 다다르기에 너무나 부족했기 때문에 수많은 불면과 우울의 날을 보냈다. 그치만 요즘은 루브르 박물관 같은 위대한 예술가가 아니라 스쳐 지나가다 무심코 들려도 좋은 편집샵 같은 예술가가 되어도 제법 괜찮겠다는 생각이 든다.

파리에서 가장 처음 잡은 약속은 민영씨였다. 나는 언젠가 파리에 가게 된다면 꼭 그녀를 만나고 싶다고 말하곤 했다. 파리행 비행기 표를 사고 가장 먼저 소식을 알린 사람도 민영씨였다. 그녀는 예술의 도시인 파리를 사랑해서 유학을 갔고, 현재는 공부한 계통 일을 하면서 좋아하는 그림을 그리고 있다고 했다. 우리는 파리와 그림을 사랑한다는 공통점으로 가까

많은 사람들이 좋아하는 멋진 무언가가 모든 사람에게 큰 의미를 줄 수는 없다. 나에겐 멋지고 위대한 예술가가 되고 싶다는 욕망이 있었지만 내 자원과 상황은 목표에 다다르기에 너무나 부족했기 때문에 수많은 불면과 우울의 날을 보냈다. 그치만 요즘은 루브르 박물관 같은 위대한 예술가가 아니라 스쳐 지나가다 무심코 들려도 좋은 편집샵 같은 예술가가 되어도 제법 괜찮겠다는 생각이 든다.

워졌다. 그는 지하철 바스티유(Bastille)역에서 만나자고 했다.

우리는 바스티유역 맥도날드에서 비로소 얼굴을 마주하고 반갑게 인사를 했다. SNS에서 알게 된 사람을 외국에서 직접 만나는 경험은 처음이었다. 그녀는 나를 이끌고 바스티유 골목 사이사이에 있는 작은 전시장들을 발견하고는 먼저 성큼성큼 들어갔다. 상설 전시를 하는 소규모 갤러리들에서 지금의 파리를 느낄 수 있는 작품들을 직접 만날 수 있었다. 역시 현지에서 지낸 덕분일까, 민영씨는 숨겨진 보석 같은 편집샵, 서점 등을 금방 찾아냈다. 불어를 잘 몰라도 민영씨 덕분에 파리 구석구석을 다니며 마치 학교 앞 문구점에서 눈을 반짝이며 둘러보던 꼬맹이 시절로 돌아간 느낌을 받았다.

파리에서 나를 반겨준 민영씨

잠깐 쉬어갈 겸 어느 카페에 들렀다. 낮에 한산한 카페에서 커피와 디저트를 먹으며 이야기를 나누니 마치 아는 사람의 집에 초대받아 티타임을 즐기는 기분이었다. 웨이터가 느릿느릿 무심한 듯 서빙하는 디저트와 입 안에서 녹는 초콜렛은 이후에 다른 카페에서 절대 느끼지 못한 맛이었다. 아마 편안하고도 여유롭게 민영 씨와 함께한 덕분일 것이다.

우리가 앉아있던 카페 맞은편엔 노란 차양막이 있는 또 다른 카페가 있었다. 그 카페 야외 테이블에서 나이가 적당하게 든 여자와 젊은 여자가 앉아 이야기를 나누고 있었다. 노란 차양막과 따뜻하게 내리쬐는 햇살 때문이었을까. 겨울이 가고 봄이 다가오던 그날, 나이가 지극히 든 어르신이 '괜찮아, 봄이 오고 있어. 또 괜찮아질 거야'라고 다정하게 말을 건네는 것 같았다. 그 순간을 사진으로 담아두었는데 돌아와서 다시 보아도 너무 따뜻해서 그림으로 천천히 그려나갔다.

민영 씨와의 바스티유 일정은 해가 지기 전에 끝났다. 해질녘을 사랑하는 나는 파리의 노을을 더 감상하기 위해 숙소 몇 정거장 전에 내려 골목길을 천천히 걸었다.

아직 겨울의 찬 기운이 다 가시지 않은 3월 초의 조금 쌀쌀한 바람이 가슴을 간질간질하게 만들었다. 숙소에 거의 다다를 즈음 동네의 작은 성당에서 종소리가 들려왔다. 종소리를 들으며 집에 있는 누군가를 떠올리며 서두르는 사람. 하루 일과를 마친 후 보고 싶은 누군가를 만나러 가는 사람. 아니면

이제 시작하는 저녁 일과를 위해 마음을 다잡는 사람. 혹은 창문 밖 풍경과 종소리로 오늘 하루가 얼마 남지 않았음을 확인하고 무언가 마무리하는 사람. 그리고 종소리를 여기서 몇 번 더 들을 수 있을까 아쉬워하며 느리게 걷는 나 같은 여행자.

종소리는 그렇게 수많은 사람을 만나 또 다른 이야기를 만들어내고 널리 퍼져갔다.

나무

원래는 파리 근교 투어를 혼자 고민해 보면서 고흐의 무덤이 있는 오베르 쉬르 우아즈(Auvers-sur-Oise)와 모네의 정원인 지베르니(Giverny)에 가봐야겠다고 했다. 하지만 한 가이드분과 연락하면서 일정이 지베르니의 개장 직전이라는 것을 알게 되었다.

어느 지하철역 앞에서 가이드를 처음 만났다. 적당히 수염을 기르고 헌팅캡을 쓴 모습이 범상치 않았다. 수염이 없었다면 목소리도 좀 더 젊게 느껴졌을 것이다. 가이드는 파리에서 건축과 미학을 공부하고 오랫동안 사진작가로 활동하는 분이었다. 차로 이동하면서 파리를 벗어나 우거진 나무와 넓은 들판 그리고 오래된 건물을 구경했다.

밀레가 《만종》(L'Angelus)을 그렸던 넓은 들판으로 갔다. 아무것도 없는 휑한 들판에는 이정표처럼 만종그림을 모자이크로 만든 작품이 서 있었다. 다른 시간에 그들과 같은 곳에서 같은 공기를 마시며 200여 년 전에 벌어졌을 일을 상상해 보았다. 그 당시 자연속에서 하루하루 살아내기 위해 노동하며 주어진 것에 감사하며 살았을 농부의 삶. 그리고 만종의 바구니 안에 담겨있는 것이 사실 감자가 아니라 죽은 아이라는 설도 있다는 이야기를 나누며 고단하고 쉽지 않았을 그들의 삶이 현대의 삶과도 맞닿아 있음을 느꼈다.

만종의 여운을 간직한 채 들판에서 퐁텐블로성으로 천천히 걸어 이동했다. 이때 가이드님이 찍어주신 사진 속 나는 할 일 없는 동네 주민 같았다. 파란 하늘과 건물에 붙어있는 적갈색 나무자재, 이곳에서 몇 백 년 동안 자랐을 앙상한 나뭇가지. 그곳을 천천히 걸으며 숨 쉬고 있다는 것만으로 온 몸이 채워지는 느낌이었다. 퐁텐블로성으로 이동하기 전 꽃이 장식된 아담한 카페에서 가이드와 커피를 한 잔 마셨다. 한국에서 즐겨 찾는 카페의 아인슈페너보다 맛은 없었지만 쌀쌀한 공기와 따뜻한 햇살이 기분 좋았다.

퐁텐블로성 투어를 끝내고 노천카페에서 커피를 한 잔 했다. 한국에서는 까페에 야외테이블이 있어도 대부분 건물 테라스 안에 아주 조금 있는 경우가 대부분이었는데 건물 앞쪽 길가에 테이블이 즐비하게 펼쳐져 있어 햇살 아래서 티타임을 가지는 사람들의 얼굴을 볼 수 있어 좋았다. 그리고 그 순간을 그냥 흘려보내기 아까워 색연필과 드로잉북을 꺼내어 사람들을 조금씩 그렸다. 혹시나 내가 쳐다보는 것을 불쾌해 할까 봐 여러명을 그리지는 못했지만 햇살 속에서 사람들과 함께 그릴수 있다는 것 자체가 행복했다.

더 기억에 남았던 것은 차로 이동하면서 낮은 언덕에 홀로 서 있던 나무 한 그루를 보았던 순간이었다.

그 나무는 수없이 많은 해와 달과 별을 맞이하고, 날아다니거나 뛰어다니는 많은 동물들과 인사를 건넸을 것이다. 그뿐일까. 걸어가는 사람, 동물을 타고 가는 사람, 차를 타고 가는 사람, 고단한 일을 끝내고 집으로 돌아가는 사람, 덜컹거리는 마차에 몸을 기대고 어디론가 향하는 사람, 차를 운전하는 사람…. 나무는 그 자리에서 숱하게 바뀌는 시간의 흐름을 온몸으로 맞고 떠나보냈을 것이다. 나무 곁을 지나가는 모든 사람과 지구의 공기가 나무껍질 하나하나에 새겨져 있을 것이다. 나무는 그 모든 순간을 기억할까.

나무 나무가 외롭다고 생각했다. 하지만 그것은 외로운 게 아니었다. 오히려 외로운 이들을 반겨주는 반가운 나무였다.

나무의 기억을 가늠해보다가 견디기 힘들었던 삶의 순간들이 떠올랐다. 살아야 할 이유를 몰라 몸부림치며 무엇이라도 붙잡고 싶었던 나날들. 생존을 위해 그저 나를 채찍질하며 하루하루를 겨우 살아냈던 시간들. 결핍된 부분들을 채우기 위해 진짜 원하는 것이 아닌 대체품들로 만족해보려고 애썼던 모습들. 그 기억들이 온전히 다 남아있는 것은 아니지만 나무가 시간을 보내며 점점 자라갔듯이, 그리고 그 시간들이 나이테에 새겨진 것처럼 나라는 사람이 오늘 있기까지 그 어느 하나도 불필요했던 것은 없다고 생각한다. 외롭고 안쓰러워 보였던 그 나무 곁에도 지금의 나처럼 작은 풀꽃친구들, 날아와 깃들다 가는 새 친구들이 있어 쓸쓸하지만은 않을 거란 생각도 해본다.

3장

단 한 사람에게라도 가닿길

Montmartre

모두 자신의 언어로 사랑을 이야기하지만 상대방의 언어를 알 수 없다면 그조차도 소음이고, 낙서라는 생각이 들었다. 사랑의 벽에서 기억이 날 듯 말 듯한 언어를 간신히 찾아내었다. 사랑도 언어와 같은 것이 아닐까. 처음에는 잘 알 수 없지만 의미를 이해하기 위해 애를 쓰고 배우면 눈에 들어오게 되니까.

몽마르트로 가는 도중 순환 버스를 잘못 타서 길을 헤매던 덕분에 우연히 '사랑의 벽 (Le mur des je t'aime)'을 만났다. 여행 가이드 책과 지도에서 봤지만 그렇게 크게 마음에 두고 있지 않았던 벽이다.

작은 공원에 남색 타일이 한쪽 벽면에 빼곡히 붙어 있고 그 위에는 세계 여러 나라의 언어로 '사랑해'라는 말이 새겨져 있었다. 내가 알 수 없는 언어는 그저 어린아이 낙서처럼 보였고 그 앞에서 사람들은 제각각 사진을 남기고 있었다. 마침

새로운 인생을 시작하려는 한 커플이 어여쁘게 차려입고 촬영하고 있었다.

나는 꼬불꼬불한 여러 언어 사이에서 한국어로 적힌 '사랑해'를 찾았다. 핫스팟에서 사진을 남기는 게 별로 내키지 않았지만 이 날은 '사랑해'라는 단어 위에 손을 얹고 환하게 웃으며 사진을 남겼다.

지금 단 하나뿐인 예술이 펼쳐지는 곳

몽마르트(Montmartre) 언덕. 벨 에포크(La Belle Époque) 시대 많은 예술가가 모여 들었다는 곳. 내가 사랑한 고흐와 인상파 화가가 거쳐 간 곳. 내가 사랑한 영화 《물랑루즈》(2001)의 배경이 바로 몽마르트 언덕이라는 것도 여행 계획을 세우면서 알게 되었다. 이 언덕을 유명하게 만든 게 또 하나 있다. 바로 팔찌를 강매하는 집시다. 나는 아예 그들이 노리지 않는 비교적 한산한 길로 올라갔다.

다시 몽마르트 언덕으로 오르기 위해 버스에 올랐다. 커다란 버스가 커브를 돌기에 너무나 벅찰 정도로 좁고 가파른 골목길을 계속 올라갔다. 이 좁은 길 끝에 뭐가 있을까, 오늘 안으로 도착은 할 수 있을까. 이런 생각을 하는 사이에 버스는 정류장에 무사히 도착했다.

좁은 골목을 따라가니 유명 화가의 그림 인쇄본을 액자에 끼워 팔고 있었다. 저 앞에 하얀색의 조각상과 사람들이 모여 있었다. 가까이에서 보니 조각상이 아니라 조각상 퍼포먼스를 하는 행위 예술가였다. 그는 하얀 두건과 겉옷으로 온몸을 감싸고 얼굴과 손도 하얀색으로 칠했다. 무엇을 표현하려는지 정확히 알 수 없었지만 지금 이 순간 세상에 하나뿐인 그의 예술이 의미 있다고 생각했다.

마침내 몽마르트의 상징과도 같은 테르트르 광장에 도착했다. 이미 자리를 잡고 그림을 전시하는 화가가 많았다. 광장을 포위하듯이 여러 카페가 있었고 사람들은 그곳에서 각자의 여유를 즐기고 있었다. 꽤 넓은 광장에서 화가들이 드문드문 앉아 그림을 그리고 있을 거라는 내 상상과는 달리 서울 여느 아트마켓처럼 그림을 늘어놓고 파는 사람들이 좁은 광장을 가득 메우고 있었다. 그 사이사이 구경하는 사람도 있어 비좁기도 했고, 광장의 사면을 둘러싸고 있는 카

페들은 각자 노천좌석을 내어놓고 있었는데 그 자리들도 대부분 사람들로 꽉 차 있었고 흡사 시장통처럼 시끌시끌했다. 내가 상상했던 모습과 달리 사람들로 북적이는 모습에 다소

실망을 느끼고 그곳을 서둘러 빠져나왔다.

몽마르트 언덕 꼭대기에 있는 사크레 쾨르 대성당(Basilique du Sacré-Cœur) 쪽으로 발길을 돌렸는데, 골목길 식당 앞에서 한 중년 커플을 발견했다. 이들은 식당 밖의 의자에 앉아 다정히 몸을 기대어 한 방향을 바라보고 있었다. 누군가 스케치북을 들고 열정적으로 그들의 모습을 그리고 있었다. 커플은 의자에 앉아 미동도 없이 미소를 지었고, 화가는 스케치북을 한 손에 비스듬히 받쳐 들고 스케치했다. 그 장면을 흥미롭게 지켜보다 대성당으로 다시 발길을 재촉했다.

맑게 갠 하늘에서 햇살이 비치고 있었다. 청동기마석상이 앞을 지키고 있는 대성당은 눈 부시게 아름다웠다. 언덕 위에서 한눈에 내려다보는 파리 시내가 너무 아기자기하고 예뻐서 두 눈에 남김없이 담고 싶었다. 대성당 앞엔 사진을 남기려는 사람들로 가득했다. 대성당 정문 계단 앞 넓은 광장에는 시내를 내려다보는 사람들과 버스킹을 하는 사람들이 있었다. 나는 어디서든 노래나 연주를 하는 사람들을 만나면 잠시 멈춰 서서 한 두 곡씩 듣고 간다. 리듬에 맞춰 함께 손뼉을 치고 몸을 흔들기도 하고 어떨 땐 용기를 내어 돈을 내기도 한다. 그림도 음악도 그것을 바라봐 주는 누군가가 있을 때 비로소 완성되니까.

나도 그림을 그리는 사람이니 그들의 마음을 헤아릴 수 있었다. 한 사람에게라도 진심이 닿기를 바라며, 용기를 내어 세상에 자신의 작품을 내어놓았으리라고. 그래서 나는 더 가까이 다가갔다. 나는 부끄러워서 숨어서 그림을 그리고 건반을 두들기며 노래를 부르곤 했다. 세상에 나를 내보이기 시작한 지 얼마 되지 않았다. 그 지난한 과정 때문일까. 나는 그들에게 유독 마음이 갔다.

언덕 아래로 내려갈 때는 일부러 버스를 타지 않고 천천히 걸어갔다. 길에는 이곳을 거쳐 간 세계적인 화가에 대한 안내문이 줄지어 있었다. 그들도 좁은 골목을 다니며 울고 웃으며 작품을 그려나갔겠지. 몽마르트 언덕은 당시 예술의 중심이던 파리 곁에 머물고 싶었던 가난한 예술가의 달동네였음을 직접 와보고 온몸으로 깨달았다.

직접 몽마르트 언덕을 와보기 전에는 그저 예술가들이 모여든 핫한 동네였겠다는 막연한 생각이 있었다. 하지만 버스 한 대가 움직이기에도 벅찬 좁고 가파른 골목길을 오르고 내리고 하다보니 서울의 우리집을 오르는 언덕길이 떠올랐다. 부산에서 나고 자란 내가 관성을 따라 살지 않고 마음이 부르는 대로 살아가겠다 수차례 다짐하며 서울로 이사와 처음 터를 잡은 동네. 높은 돌산을 깎아 만든 동네라 마을버스를 타지 않으면 숨을 헉헉거리며 가파른 경사길을 올라야 한다. 겨울에 눈이라도 오면 미끄러지기 쉬운 경사로여서 몇 해 전부터는 열선이 깔렸다.

그림도 음악도 그것을 바라봐 주는 누군가가 있을 때 비로소 완성되니까.
나도 그림을 그리는 사람이니 그들의 마음을 헤아릴 수 있었다. 한 사람에게라도 진심이 닿기를 바라며, 용기를 내어 세상에 자신의 작품을 내어놓았으리라고. 그래서 나는 더 가까이 다가갔다. 나는 부끄러워서 숨어서 그림을 그리고 건반을 두들기며 노래를 부르곤 했다. 세상에 나를 내보이기 시작한 지 얼마 되지 않았다. 그 지난한 과정 때문일까. 나는 그들에게 유독 마음이 갔다.

10대 때는 예술로 유명한 서울의 대학으로 진학하지 못했던 것을, 30대가 넘어서는 예술로 유명한 외국의 어느 도시에서 유학을 하지 못한 것을, 숱한 것들에 대한 아쉬움과 박탈감이 있었다. 하지만 몽마르트 언덕에 모여들었던 그 숱한 예술가들도 결국 그 당시 문화의 중심부에 자리잡지 못했지만 파리라는 도시를 떠나지 않고 이 언덕에 모여 다양한 문화적 자양분을 섭취하고 또 자신의 창작물로 녹여내었다는 것을 새삼 생각하게 되었다. 화려하지는 않지만 별을 보며 밤에 오를 수 있고, 맘 먹고 발길을 내딛으면 서울의 역사들을 만날 수 있는 곳. 자연이 우거진 곳을 산책할 수 있는 곳. 지금 내가 머무르는 이 곳이 몽마르트 언덕이 아닌가 생각한다.

우리집으로 가는 가파른 경사 길을 떠올렸다. 매일 마을버스를 타고 오르는 그 길. 내가 있는 곳. 그곳이 나만의 몽마르트가 아닐까 생각하며.

4장

더 깊이 사랑할 수 있다면

Avenue des Champs-Élysées

샹젤리제 거리에 도착한 때는 밤이었다. 어두웠지만 밝게 빛나는 밤이었다. 사실 언제나 고민하게 되는 지점이 있다. 어떤 사람은 삶과 인격을 볼 때 별로 아름답지도 않고, 자기 파괴적이거나 누군가를 고통에 빠트리는 행위들을 했지만 작품만으로 평가했을 때는 감탄과 찬사를 보내게 된다. 또 어떤 사람은 작품 자체로는 평범하고 무난해 보이지만 정작 그 삶을 알게 되고 작품이 탄생하게 된 배경을 알게 되면 그 작품이 새롭게 보이게 된다.

또 어떤 사람은 실력도 별로 없고 그다지 멋진 사람이지도 않은데 좋은 배경을 가졌거나 운이 좋게 기회를 가지게 되어 계속 대중들 앞에 자신의 창작물을 내어놓는다. 사람들은 사실 창작자가 어떤 사람인지 자체에 대한 관심은 없어 보인다. 그저 유명해지고 값이 오른 그의 작품과 그렇게 성공할 수 있었던 과정이 궁금할 뿐.

삶이 어떻게 되든 무언가 결과물로만 나를 증명해 보이고 싶었던 순간들도 있었지만 항상 내 기대보다 나의 속도와 결과물은 한참 뒤쳐졌다. 그래서 숱하게 좌절하고 좌절했다. 나는 가까이 있는 관계가 중요한 사람이기에 그런 것들을 모두 포기할 수가 없었다. 그리고 수단과 방법을 가리지 않고 돌진하며 목표를 달성한 창작자들을 보며 괜히 욕하고 부럽지 않다고 스스로를 위로했다. 나는 '느리게, 특출나지 않더라도, 꾸준히 갈 테야.'라고 끊임없이 되뇌었지만 난들 왜 성공하고 싶지 않겠는가.

샹젤리제 거리는 추적추적 내리는 비 사이로 불빛이 반짝였다. 개선문 앞으로 다가갔다. 개선문은 어둠 속에서 조명을 받아 존재감을 뿜어냈다. 어디론가 향하는 자동차의 불빛과 경적소리가 뒤엉켰다. 꿈을 꾸는 기분이었다. 어느 시공간에 존재하는지 알 수 없는 기운에 휘감겼다. 개선문의 모습을 이쪽저쪽에서 카메라에 담았다. C와 서로를 찍어주기도 했다. 그녀가 찍어준 여러 사진 중에 우산을 쓰고 개선문을 그저 바라보고 있는 뒷모습이 마음에 확 박혔다. 그때의 내 마음이 그대로 전해지는 듯해서 말이다.

2019.3.30
파리에서 만난 개선문

파리 시내는 각자의 목적지를 향해 달리는 차로 붐볐다. 내가 광화문 앞을 무심히 빠르게 지나칠 때 그 앞에서 사진을 찍고, 나에게 길을 물어오던 외국인이 생각났다. 나에겐 일상인 곳에서 외국인은 상기되고 호기심 어린 눈빛으로 모험을 했다. 파리에서 외국인으로 있던 짧은 순간, 나는 꿈인지 현실인지 모를 시간을 보냈다.

샹젤리제 거리의 끝에 있는 콩코드 광장(Place de la Concorde)으로 갔다. 콩코드 광장의 명소라고 불리던 관람차 앞에 섰다. 빨강, 파랑, 하양 세 가지 색이 차가운 금속 관람차를 감싸 안고 있었다. 관람차 위에 부착된 빛을 내보내는 장치는 이 세 가지 색이 자유롭게 위치를 바꿔가는 듯이 보이게 만들었다. 세 가지 색은 천천히 회전하는 관람차 위로 점점 번져가듯 움직였다.

비 때문에 바닥 여기저기에 얕은 물웅덩이가 생겼다. 관람차만 바라보고 있을 때는 특별한 감흥이 없었다. 하지만 물웅덩이 속에 비친 관람차는 실제 관람차의 모습보다 더 아름답게 빛나고 있었다. 금속 철제 구조물 위에 움직이는 계산된 빛이 아닌 발광체 그 자체로 존재했다. 물에 비친 관람차의 모습만 본 사람들은 실제 관람차의 모습이 어떠하든 상관하지 않을 것이다. 실제 형태가 어떠한들 물의 반영을 보고 사랑하게 될 테니까.

실체 그 자체만 중요한 건 아닌지도 모르겠다. 예술가의 의도나 삶이 어떻든 대중은 작품에 매료당하고 자신만의 방식으로 작품을 재해석한다. 예술가는 그저 존재하면서 자신을 가장 아름답게 반영해 줄 때와 그 무언가를 만나면 되지 않을까.

물웅덩이에 비친 발광체가 차가운 철제 구조물을 통해 완성되었고, 물이라는 매체를 통해서 만들어졌다는 사실을 알게 된다면 이미 사랑에 빠진 사람들은 어떻게 반응할까? 하지만 그런 과정마저도 설득시킬 수 있다면, 그래서 사람들이 본질을 들여다보고 더 사랑할 수 있다면 그게 정말 성공한 예술가가 아닐까.

예술가의 마음을 지키고 싶다. 타인을 쉽게 평가하지 않고, 생이 다하는 날까지 창작하는 삶을 포기하지 않기 위해서이다. 우리는 다양한 이유로 성공하거나 실패하게 되고, 사랑을 얻기도 하고 또 잃기도 한다.

의식은 아니라고 하지만 무의식속에 내가 간절히 염원하는 도달하고 싶은 어느 지점과 존재가 있다. 의식과 무의식을 통합해 가는 작업에서 나의 욕망 자체를 있는 그대로 바라보는 것과 나의 한계를 수용하는 것을 함께 해가야 건강하게 자신과 주변을 사랑할 수 있고, 좋아하는 일을 꾸준히 해 나갈 수 있다고 생각한다. 또 그래야 자기 함정에 빠져 성장이 멈춰버린 고리타분한 노인의 모습으로 늙어가지 않는다고 믿는다. 예술가에게만 국한되지 않을 것이다. 사람이 사람을 만나 비로소 알게 되고 드디어 사랑하게 되는 모든 일련의 과정이 그럴 것이다.

예술가의 마음을 지키고 싶다. 타인을 쉽게 평가하지 않고, 생이 다하는 날까지 창작하는 삶을 포기하지 않기 위해서이다. 우리는 다양한 이유로 성공하거나 실패하게 되고, 사랑을 얻기도 하고 또 잃기도 한다.

어떤 이에게 악한 사람이 동시에 어떤 이에게는 선한 이가 되고, 어느 날 내가 사랑하던 그의 모습이 어느 순간에는 꼴도 보기 싫을 정도로 미워지는 때가 있다. 누군가를 좋아하는 이유도, 싫어하는 이유도 변하게 된다. 그렇다면 그 사람이 변한 것일까? 아니면 내가 변한 것일까?

융이 말했던 '아니마'와 '아니무스'(사람 내면에 존재하는 반대 성으로서의 무의식)에 의해 우리는 누군가에게 끌리고 사랑에 빠지게 된다. 또한 사랑받기 위해 필요한 '페르소나'를 꺼내어 쓰고, 버림받을까봐 '그림자'를 꼭꼭 숨겨두고 비난하게 된다.

나의 삶의 모든 여정은 인정받고 사랑받기 위한 투쟁의 여정이었다. 아마 앞으로도 내내 그 숙제를 풀기 위한 노력을 멈출 순 없겠지. 다만 그 속에서 본질을 알아보고 있는 그대로 수용할 수 있기를. 그래서 숨을 거두는 순간까지 성장하며 한 뼘 더 사랑할 수 있기를 간절히, 간절히 바란다.

5장

선택할 수 있는 삶의 용량

BATEAUX MOUCHES

우리에겐 선택할 수 있는 삶의 용량이 정해져 있는 것은 아닐까 하는 생각이 들었다. 부산에서 나고 자라 그저 나 하나도 감당하며 살 수 있을까, 과연 나는 몇 살까지 살 수 있을까 하는 생각을 숱하게 했었다.

뭔가 일반적인 삶은 정말 나에게 어울리지도 않고 가질 수도 없다고 생각했었다. 그랬던 내가 결혼이라는 것을 하고 아이를 낳고, 서울로 거주지를 옮기고, 일을 하면서 마음속에 파묻어두었던 살고 싶은 삶을 위해 이렇게 좌충우돌하며 살고 있을지 생각도 못했던 것이다.

여기까지 오는 것도 하나하나가 기적 같고 거친 싸움 같은 시간이었기에 외국에서 공부를 하고 삶을 일궈가는 사람들을 보며 다시 처음부터 그 전쟁 같은 시간을 보낼 수는 없겠다는 생각을 하게 되었다.

이미 나는 가족이라는 울타리를 선택했다. 그리고 나라는 사람의 성향과 성장배경 때문에 주변을 무시하고 앞으로만 전진해서 내가 깃발을 어딘가 꽂기만 하면 만족할 수 없다는 것도 안다. 운명론자까지는 아니지만 각자에게 주어진 삶의 용량, 형태, 방향 등은 사실 큰 틀에서는 정해져있지 않은가라는 결론에 이르게 된다.

내가 고흐나 프리다처럼 살 수 없고, 그들이 나처럼 살 수도 없지 않은가. 그런데 조금씩 생각의 변화가 생기기 시작했다. 삶의 중요한 변화는 마치 우연히 가다가 발견한 작고 예쁜 꽃처럼 저절로 다가오는 것 같다. 음악이 그랬고, 이번 여행의 바토무슈가 그랬다.

한강에서도 타보지 않은 유람선을 파리에서 타보다니. 사장님은 내가 나름 장기 투숙 고객이라고 바토무슈(Bateaux Mouches) 유람선 탑승권을 선물로 주셨다. 민박에서 만난 두 친구D,E와 함께 유람선을 타러 가기로 했다. 우리는 유명한 편집숍 메르시(Merci) 근처에서 만나 함께 점심을 먹기로 했다. 아침부터 빠듯한 일정을 위해 서두르는 두 사람은 먼저 출발했고 나는 천천히 숙소를 나섰다.

그날은 굽이 낮은 구두를 신고 길을 나섰다. 하지만 사이즈가 제대로 맞지 않아 구두가 헐떡거렸다. 발뒤꿈치까지 까져서 다리를 절뚝거리며 걸었다. 목적지에 도착할 때쯤엔 남은 하루를 이렇게 걸어 다니지 못하겠다는 결론을 내렸다. 만나기로 한 음식점을 조금 지나 골목길을 따라가다 보니 캐주얼한 구두를 파는 신발 가게가 보였다. 발이 불편해서 얼굴은 붉게 달아오르고 약속 시간에 늦을까봐 긴장한 탓에 눈도 충혈됐지만 용기를 내어 가게로 들어갔다. 간단히 영어로 의사를 전달하고 가장 편해 보이면서도 무난한 단화를 골랐다.

새 신발을 신은 후 모든 게 여유로워졌다. 가벼워진 걸음걸이 때문인지 길이 이전과 다르게 보였다. 분명 같은 길을 되돌아가고 있었는데, 보이지 않던 것들이 보이기 시작했다. 교육기관으로 보이는 건물에서는 풋풋한 10대 학생들이 쏟아져 나오고 있었다. 방과 후 골목으로 나온 학생들은 온갖 호기심과 에너지를 가지고 세상을 응시했다. 골목길 바닥에 하나하

새 신발을 신은 후 모든 게 여유로워졌다. 가벼워진 걸음걸이 때문인지 길이 이전과 다르게 보였다. 분명 같은 길을 되돌아가고 있었는데, 보이지 않던 것들이 보이기 시작했다.

세상은 조금 전보다 훨씬 더 아름답고
느긋하게 보였다.

나 박혀있는 돌은 마치 나에게 오랜 시간 간직했던 여러 사람들의 이야기를 뿜어내고 있는 것 같았다.

드디어 두 친구를 만났다. 나는 어떤 곳인지 전혀 모르고 갔지만 두 친구 덕분에 더할 나위 없는 진수성찬을 맛보았다. 기억을 더듬어 할 수만 있다면 음식의 이름과 식당을 기억해 내고 싶지만 워낙에 그런 정보를 저장하고 기억해 두는 편이 아닌지라 아쉬워진다. 여행지에서 맛있는 음식을 먹는 것에 별로 관심이 없던 나는 적당한 값과 시간을 지불하고 먹는 음식의 힘을 새삼 느꼈다. 세상은 조금 전보다 훨씬 더 아름답고 느긋하게 보였다.

나는 쇼핑을 전투적으로 하는 편이다. 필요한 물건이 있으면 지인과 천천히 둘러보고 사기보다 미리 충분히 알아본 후 혼자 구매한다. 사람들과 백화점이나 아웃렛을 돌아다니며 함께 아이쇼핑 하는 것을 아주 싫어하는 편이다. 하지만 파리에서 유명하다는 메르시 숍은 두 친구와 들려보기로 했다. 아마 이 곳도 이 친구들과 점심식사를 하고 함께 움직이지 않았다면 혼자서는 들어가 볼 생각도 하지 않았을 것이다. 매장 내부는 꽤 넓었고 여러 가지 물건이 있었지만 나는 그저 구경만 했다. 사람 많은 곳을 별로 좋아하지 않는데다, 보고 싶은 예술관련 컨텐츠 위주로 장소를 정해두고 가는 편이라 아마 앞으로도 이런 나의 성향대로 움직이겠지만, 쉽게 오기 힘든

파리라는 도시이기에, 그리고 잠시 만나고 헤어지는 사람들이기에 따로 또 같이 둘러보았다.

메르시는 시즌별로 입구 분위기를 바꿔놓는 듯했다. 내가 갔을 때는 붉은 자동차 위에 하얀색 히아신스 꽃이 한가득 담겨 있었다. 자동차 옆에는 마네킹이 기대어 서서 꽃 가격표를 들고 있었다. 자동차 너머에는 창을 사이에 두고 벽면이 온통 책으로 가득 찬 공간이었다. 그곳에서 사람들이 차를 마시고 이야기를 나누는 모습이 보였다. 그 풍경이 마치 서울의 어느 유명한 골목길을 닮아서 마음이 편안해졌다.

해가 질 때 즈음 유람선 선착장으로 향했다. 노을이 아직 하루를 다 마무리하지 못한 태양의 긴 옷자락 같았다. 바깥 풍경을 온전히 느낄 수 있는 유람선의 위쪽 자리는 사람들로 북새통을 이뤘다. 선글라스를 끼고 잔뜩 멋을 부린 한국 사람을 심심찮게 볼 수 있었다. 배는 천천히 출발했고 불어와 한국어를 포함한 몇 가지 언어로 안내 방송이 나왔다. 유명한 건물과 다리를 지날 때마다 방송이 흘러나왔고, 사람들은 각도를 바꿔가며 셀카를 찍는 데 여념이 없었다. 멀리까지 적지 않은 돈과 시간을 지불하고 왔으니 여행지에서 최대한 추억을 남기고 싶을 것이다. 나는 그저 이 풍경에 오롯이 집중하고 싶었다. 그때의 마음을 담고자 나는 풍경을 향해 셔터를 눌렀다. 그래도 민박 친구들과 함께 사진을 찍어서 바토무슈를 탔다는 증거는 남겼다.

배가 다시 선착장으로 돌아오는 동안 해는 완전히 져서 하늘은 쪽빛으로 바뀌었다. 배의 조명은 다리와 강가에 정답게 모여 있는 사람들을 환하게 비췄다. 어떤 이들은 배를 향해 손을 흔들었다. 사랑하는 이와 센 강에서 시공간을 함께 하는 사람들을 보니 묘한 질투와 애달픈 마음이 소용돌이쳤다. 점등 시간이 되자 에펠탑이 반짝거렸다. 마치 수많은 별빛이 하늘에서 내려온 것처럼 찬란하게 빛났다. 그 순간을 놓치지 않기 위해 사람들의 셔터 소리는 급해졌다. 탄성도 터져 나왔다. 그렇게 반짝이는 순간을 지나 선착장에 도착했다. 아직 깊어지지 않은 저녁이 아쉬웠다. 그래서 퐁피두센터(Le Centre Pompidou)로 향했다.

늦은 시간에 도착해 전시실 내부에는 들어갈 수 없었다. 들어갈 수 있는 방법이 있는지 찾아보려고 여기저기 출입구를 휘젓고 다니다 마음을 접고 밖으로 나왔다. 퐁피두 센터 뒤쪽 뜰에서 사람들이 삼삼오오 모여 술을 마셨다. 어둠 속에서 은은하게 빛을 발하는 퐁피두 센터를 마주 보고 앉아 정다운 시간을 보내는 이들을 보니 또 다시 부러움이 밀려왔다.

서울의 아름다운 곳에서 좋은 시간을 보낼 수 있는데 난 왜 꼭 파리에서 살아보고 싶은 걸까. 그 답을 얻고 싶었다. 그래서 파리에서 공부를 하고, 일을 하고, 밥벌이를 하는 한국 사람들과 약속을 잡았다. 귀를 쫑긋 세워 그들의 말 한마디 한

마디를 주워 담고 질문했다. 그 중 막 파리에 유학 온 한 친구가 특히 기억에 남았다.

그는 서울에서 '자연스럽게 그리기' 수업을 함께 들으며 알게 된 사람이었다. 수업을 들을 당시 프랑스 유학을 준비 중이었고 SNS에서 서로 팔로우하게 되었다. 수업이 끝나고도 간간히 서로의 소식을 SNS에서 알고 있었는데 마침내 파리에서 건축을 배우고 싶어서 여자 친구와 함께 유학을 오는 것에 어학연수로 첫발을 내딛게 되었다고 해서 축하해주었다.

갑작스럽게 파리행을 준비하면서 민영씨 다음으로 연락을 하고 만나자고 약속한 사람이 그였다. 파리 노천카페에서 만난 그는 열심히 불어를 배우며 입학을 준비하고 있었다. 혼자도 아니라 사랑하는 사람과 함께 같은 길을 가고 있기 때문인지 매우 평온해 보였다. 같이 어학연수를 하는 한인 학생들 중에는 학생 커플이 파리에서 아기를 낳고 공부하고 생활비를 벌면서 살고 있다는 이야기도 꽤 자세히 들었다.

약속을 잡고 일부러 만난 이 사람들 외에도 한인민박 사장님과 지인, 가이드를 해 주신 사진작가님 등 짧은 만남 중간중간 파리로 오게 된 사연들과 겪어온 일, 현재 상황들을 들으며 삶의 방법은 정말 다양하고 예측하기 어렵다라는 생각을 했다.

법과 테두리 안에서 최대한 모든 것을 지키며 살아온 사람도 있었고, 법과 관습적 테두리의 회색지대 속에서 새로운 방법들을 찾아 나름 길을 만들어온 사람도 있었다. 원하는 것을

위해 원하는 곳에 머물기를 선택했고 그 삶을 살아오고 있는 그들도 나만큼이나 고민과 질문이 많았다. 그리고 그 선택 때문에 얻은 것도, 잃은 것들도 있었다.

20대 중반에 결혼하기 전, 남편은 함께 유럽에 가서 살자고 했었다. 하지만 남편의 말은 너무나 허황하게 들렸다. 그렇게 큰 세상에 나를 내던지기에 나는 너무 상처투성이였고 겁쟁이였다. 내가 지금보다 어렸다면 파리에 내 삶과 몸뚱이를 내던질 수 있었을까. 젊은 시절보다 가진 것이 많아지고 용감해진 지금도 선뜻 발을 내디딜 수 없는 내가?

6장

미술관의 틈새에서 발견한 것들

Musée d'Orsay

나다운 그림을 그리기 위해서, 뻔한 그림의 틀을 깨기 위해서 나는 이전보다 더 많이 그려내고 실패해야 했다. 내가 생각한 성공의 기준에 도달하기 위해 부족함을 받아들이는 노력이 필요했다. 그림을 그저 취미로 그리고 싶지 않아 시간과 비용을 들여서 누군가의 가르침에 귀 기울이기로 결정했으니. 그렇게 버틴 1년의 시간의 지나고 다시 또 한 해가 흘렀다. 정작 교육 과정 동안에는 내면의 괴로움으로 내가 무엇을 하고 있는 건지 잘 알 수 없었다. 하지만 한참이 지나 이 책의 원고를 다듬으면서, 예전에 사진으로 담아둔 장면을 그림으로 작업하면서 놀라게 되고 또 느끼게 된다. 배움의 순간에는 정작 알아차리기 어려웠던 나의 성장과 변화를. 마치 오르세 미술관의 위층에서 아래를 내려다보았을 때 느꼈던 것처럼.

무심코 지나쳤던 삶의 틈새에 머물며

온갖 예술 작품이 즐비한 루브르 박물관은 가지 않아도, 오르세 미술관(Musée d'Orsay) 만큼은 절대 건너뛸 수 없었다. 그림을 좋아하는 많은 사람들이 그렇겠지만 나에게 그림과 예술에 대한 열망을 일깨워줬던 고흐. 그리고 고흐와 많은 영향을 주고받은 인상파들의 그림들을 실컷 마주할 수 있는 곳. 오르세 미술관은 나에게 그런 의미였다.

한 번도 제대로 찾아본 적이 없던 자아를 찾고 정리하기 위해 부산에서 서울로 오고가며 상담을 받던 시간이 있었다. 서울 지리를 잘 몰랐지만 서울 일정 속에 2011년 예술의 전당에서 열린 인상파전을 갔던 날이 아직도 생생하다. 교과서에서, 대중매체에서, 책에서 숱하게 들었던 이름의 화가들의 손때가 묻은 그림들이 내 앞에 가득 펼쳐져 있었다. 실제 풍경, 사람과 같이 정교하게 그려진 그림들도 있었다. 그러다 나는 고흐의 그림 앞에 갑자기 얼어버린 듯 멈춰버렸다.

'아를의 별이 빛나는 밤' 그림을 실물로 처음 대면한 순간 나는 그림 속으로 빨려 들어가는 것 같았다. 시리도록 푸른 밤하늘 속 별은 비명을 지르며 엄청난 양의 빛과 에너지를 뿜어내는 것 같았다.

나는 한참동안 '아를의 별이 빛나는 밤'속에 고흐와 머물렀다. 그가 마치 살아서 내 곁에서 거친 숨을 내쉬며 붓질을 하고 있는 것 같았다. 그날 받았던 충격을 나는 아직도 잊지 못한다. 나는 불행하고 실패했고 쓸쓸했지만 자신을 살게 하는 것에 모든 것을 내어던진 예술가를 직접 만난 것이다.

아직 직접 만나지 못한 그의 다른 그림 '별이 빛나는 밤에'를 실제로 본다면 어떤 느낌일지 궁금하다. 오디오 플랫폼에서 1여 년간 여러 사람들의 신청곡과 직접 부른 노래를 들으며 즉석드로잉을 해왔다. 그 시간에 누군가 불러준 'Vincent (Starry Starry Night)' 들으며 고흐의 밤 그림을 오일파스텔로 그려서 남기기도 했다.

내가 전시를 보러갈 때면 나의 관심을 자극하는 특정 구성 형식이 있다는 걸 최근에 깨달았다. 오르세 미술관에서 사진을 찍어둔 작품에도 어김없이 이 형식이 있었다. 그건 마치 발레나 오페라 공연, 인형극 무대에서 액자 안을 들여다보듯 테두리를 만들고, 레이어를 겹치듯이 세워두는 무대장식 같은 형식이었다. 이수지 작가님의 전시, KIAF 전시, 그리고 나의 그림책 선생님이신 박연철 작가님의 전시에서 만난 인형극 장치들을 보고 홀린 듯이 한참을 바라보고 사진을 여러 장 꼭 남겨두었다. 어릴 적 집에서 문을 열어젖히면 보이던 텔레비전과 교회 여름 성경 학교에서 보았던 인형극 세트 때문이었을까. 나는 이후에도 무언가 입체적이고 다각도로 볼 수 있는 액자에 끌렸다.

전혀 예상치 못한 지점에서 오르세 미술관에서도 그런 구성양식을 발견했다. 액자를 찾았다. 좁은 통로에 나 있던 작은 삼각형 모양의 틈새로 내려다 본 1층은 마치 하나의 새로운 전시물 같았다. 크게 나누어진 구획, 건물의 골격 그리고 그 사이를 거니는 사람들이 보였다. 아마 그 장면을 눈앞에서 보았다면 난 유심히 보지 않았을 것 같다.

무엇이든 거리를 두고 다른 방향에서 바라보면 새롭게 다가온다는 생각을 하면서 걷던 중 커다란 시계를 발견했다. 많은 사람이 사진을 찍기 위해 시계 앞에 모여 있었다. 함께 갔던 친구도 나에게 사진을 찍어주겠다며 그 앞에서 포즈를 취해보라고 했다. 궂은 2월의 파리 날씨와 역광 때문이었을까. 내 모습은 검은 실루엣으로 사진에 남았다. 별다른 의미가 없었던 오르세 미술관의 시계는 그렇게 추억이 되어 새로운 의미로 남겨졌다. 파리를 향했던 나의 마음은 직접 염색한 천 위에 그림으로 새겨졌다.

친구는 시계 앞에서 사진을 찍어달라고 부탁하는 관광객을 위해 이런저런 각도를 잡아보았다. 영어를 잘하는 친구는 자유롭게 그

들과 대화를 나누었다. 외국인과 편하게 대화를 나누는 친구가 부러웠다. 그 친구 옆에서 나도 짧은 영어로 소통을 시도해 보았다. 중요한 순간에 이런저런 단어를 끄집어 와서 조합해 생각을 전달하는 일이 쉽지 않았다. 누군가를 마음에 담을 때도 그의 세계와 언어를 이해해야 하듯이 어느 도시를 사랑하는 일도 그런 것 같다. 이 도시에서 사용하는 언어와 문화를 배워야 하니까. 내가 좀 더 준비가 되었다면 더 깊게 많은 것을 주고받을 수 있었을 텐데 라는 아쉬움이 남았다. 그래서 일까. 서울로 돌아와서 천에 직접 염색을 하고, 바로 그 위에 드로잉을 하는 작업들을 몇 가지 했는데, 그중 가장 많은 시간을 들였던 것이 오르세 미술관 시계 스팟 작업이었다. 그 작업을 하고나자 그때 느꼈던 아쉬움이 조금이나마 달래지는 것 같았다.

시계 앞을 지나 내가 그토록 사랑하는 빈센트 반 고흐(Vincent van Gogh)의 그림이 있는 층으로 향했다. 처음 들어간 공간에는 각종 교과서와 매체에서 보았던 19세기 화가의 그림이 가득했다. 오귀스트 르누아르(Auguste Renoir)의 그림이 왜 사랑받는지 원화를 보며 직접 느끼게 되었다. 밝은 햇살아래 표현된 사랑스런 여인들의 피부와 미소, 자연의 색들을 보자 절로 미소가 지어지며 마음이 따뜻해지는 느낌이었다. 였고, 내가 아는 얼마 안 되는 인상파 화가들 사이사이와 전후에 어떤 맥락이 있었는지를 한층 더 이해하게 되었다.

각각의 그림에 대한 정확한 제작연도나 상세한 배경지식을 가지고 관람한 것은 아니었다. 하지만 다양한 인상파 화가들의 그림을 한데 모아서 보니, 각각의 화가들이 다양한 자기만의 실험을 하며 화풍을 개척해가고, 서로 영향을 주고받아 다르면서도 같은 시도들을 한 것들이 조금씩 보였다.

오르세 미술관에 있던 인상파 화가의 그림이 서울로 순례를 오던 날 2016년 다시 오르세 미술관 '이삭줍기전'을 보기 위해 예술의 전당을 다시 찾았다. 나는 거대하게 프린트된 오르세 미술관의 전경 앞에서 사진을 찍었다. 그리고 그 사진을 SNS에 올리며 이렇게 썼던 기억이 난다. "저는 지금 프랑스 파리 오르세 미술관에 와 있습니다." 너무나 파리에 가고 싶었던 나는 나 자신과 사람들에게 선언하듯이 그렇게 말하고 썼다. 실제로 1년이 되기 전 나는 오르세 미술관에 실제로 가게 되었고, 스스로에게 그리고 사람들에게 소망을 전하는 말의 힘을 느꼈다.

다음 전시 공간으로 이동하던 중 카페 앞에 멈춰 섰다. 그곳에서도 거대한 시계는 외부의 빛을 통과하고 있었다. 금빛의 조명등과 사람들이 어우러져 있었다. 마치 액자 안의 또 다른 그림을 보고 있는 듯했다. 그곳에서 함께 먹고 마셨다면 더 좋았겠지만 그림 같은 풍경을 내 눈과 카메라에 담는 것만으로도 충분했다.

나는 이전보다 더 많이 실패하더라도 계속 해보지 않았던 새로운 일들을 도전해 본다. 그리고 실패하지 않기 위해서 이전에 해왔던 방식에 고착되는 것을 벗어나 다른 방법과 시각으로 시도해 본다. 내가 사랑하는 그림도, 음악도, 그리고 인생도 말이다.

파리를 처음 방문했던 시점에 나는 눈에 보이는 것을 최대한 많이 카메라에 담으려고 애썼다. 그리고 사진으로 남겨놓은 풍경을 그대로 그림에 재현하려고 했다. 고1때 미대 입시를 잠깐 준비하면서 받은 입시 미술 교육의 영향 때문이기도 했지만 그게 나의 진심과 노력을 담는 것이라 생각했다. 내 머릿속 선생님이 구도, 각도, 원근감, 색감 등 그림을 그릴 때 지켜야 할 규칙을 열심히 피드백하고 있는 것 같았다.

부산에 사는 동안 나는 서울에서 일러스트레이션이나 그림책 관련 수업을 받을 수 있을 방법을 계속 찾았다. 학교 설명회까지 갔다가 수업료와 할애해야하는 시간과 에너지가 나에게는 너무 버거운 수준이어서 마음속에 고이 접어두었다. 서울로 이사를 하면서도 생존을 위해 돈벌이와 살림을 하면서 틈틈이 배울 수 있는 수업들을 찾아다니고 혼자 그림을 계속 그려갔다. 서울로 삶의 터전을 옮기고도 여러 해가 지난 후 2020년 2월. 우연히 전시를 보기위해 들렀던 장소에서 내가 그토록 가고 싶었던 시각예술학교가 AC(아크)라는 이름으로 바뀌어 지원자를 받고 있었다는 것을 알게 되었다.

홀린 듯 나는 새벽에 지원서를 써서 제출했고, 그 이후에 1년간 시각 예술 과정을 배웠다. 그때 내가 그림 속 얼굴을 크게 바꾸며 널뛰기를 한다는 것을 깨달았다. 어느 때는 한껏 자유롭게 그렸다면, 어느 때는 긴장한 채로 형식에 얽매여 그렸다. 이전 그림에 대해 선생님들이 피드백을 주셨는데, 나는 크게 마음의 상처를 입었다. 내가 몸부림쳐 온 시간이 부정당하고 가볍게 취급받은 느낌을 받아 마음은 깨진 유리잔처럼 박살이 나 버렸다. 그 피드백은 나의 단단하지 못한 내면 때문에 그림 자체에 대한 이야기보다는 나 자신과 삶에 대한 아픈 소리로 받아들여졌던 것이다.

숱한 그림 속에서 유난히 고흐의 《자화상》 작품이 눈에 띄었다. 불안해 보이는 눈빛과 찌푸린 미간 사이로 그의 고집과 열망과 탄식이 느껴졌다. 작품 속 고흐를 감싸고 있는 공기마저도 그가 지닌 에너지를 닮은 듯했다. 2011년 예술의 전당에서 열렸던 오르세전을 갔던, 부산에서 서울로 전시를 보기 위해 올라갔던 날 그 공간의 에너지를 모조리 빨아들이며 나에게 소리를 지르고 있는 것 같았던 고흐의 그림처럼 나는 이 작품 앞에서 한참 머물러 있었다.

나는 이전보다 더 많이 실패하더라도 계속 해보지 않았던 새로운 일들을 도전해 본다. 그리고 실패하지 않기 위해서 이전에 해왔던 방식에 고착되는 것을 벗어나 다른 방법과 시각으로 시도해 본다. 내가 사랑하는 그림도, 음악도, 그리고 인생도 말이다.

7장

노트르담 대성당

Cathédrale Notre-Dame de Paris

어떤 물건, 사람, 환경이든 가장 적절한 타이밍에 나에게 찾아오면 중요한 인연이 된다. 정말 오랫동안 생사고락을 함께하게 되는 인연들도 있지만 사람은 계속 변해가는 존재이기에 언젠가는 떠나보내게 된다. 아름답게, 아프게, 갑작스럽게, 덤덤하게 이별들은 찾아온다. 돌아보면 그 순간에 나에게 가장 필요했고 맞았던 존재들. 파란 재킷 덕분에 지나간 인연들을 돌아보게 된다. 어떤 존재이든 기쁨과 슬픔, 환희와 아픔을 함께 안겨준다. 그 어느 것 하나 나에게 쓸데없는 것이 없었노라고 조용히 지나간 기억들을 어루만져본다. 많이 고통스러웠던 기억을 남긴 인연들에게도 조용히 기도를 올려

보낸다. 어디에서든 건강하고 행복하기를. 자신의 삶의 숙제들을 잘 풀어가며 성장하기를

내 소중한 존재들을 위하여

아침에 하루의 이동경로를 짜면서 이 날은 노트르담 성당을 위주로 그 주변을 돌아보기로 했다. 혼자 돌아다녔던 첫날은 다리를 건너보는 것에 급급해서 시테섬을 중심으로 미처 다 보지 못한 것들을 좀 여유롭게 걸어다니며 눈에 담고 싶었다. 저녁에는 친구 D, E 와 합류해 재즈공연을 보기로 미리 약속을 하고 말이다.

하루를 온종일 같이 다니기로 한 친구 A 와 함께 쁘렝땅 백화점 근처를 먼저 돌았다. 백화점의 외관은 금빛으로 빛나고 있었다. 구제 옷을 좋아한다던 친구는 어느 중고 옷 매장으로 성큼성큼 들어갔다.

친구는 신나게 옷을 걸쳐 보고 바구니에 이것저것 담았다. 나는 마음에 드는 인조가죽 재킷을 발견했다. 한국에서 찾아보기 힘든 네이비 색에 가까운 파란색이었기에 보자마자 걸쳐보고 바로 구매했다. 이 가격에 이 색깔에 이 디자인에 인조 가죽 재킷이라니! 나는 파리에서 보낼 수 있는 얼마 남지 않은 날 동안 이 재킷을 열심히 입었다. 이 재킷을 입으면 괜히 내가 파리의 무드와 잘 어울려 보였다. 흐릿한 날에 퐁피두센터에서 이 재킷을 입고 찍은 사진은 내가 가장 좋아하는

그 어느 것 하나 나에게 쓸데없는 것이 없었노라고 조용히 지나간 기억들을 어루만져본다. 많이 고통스러웠던 기억을 남긴 인연들에게도 조용히 기도를 올려 보낸다. 어디에서든 건강하고 행복하기를. 자신의 삶의 숙제들을 잘 풀어가며 성장하기를 내 사진중 하나이다.

하지만 이 재킷은 한국에서 예쁨을 받지 못했다. 같은 해 비슷한 날씨에 한국에서 입어보려고 애썼는데 무언가 맞지 않았다. 여기저기 코디를 해보았지만 이상하게 다른 옷들과 매칭이 잘 안되었다. 지금 생각해보니 파리 여행 동안은 한국에서보다 훨씬 간편하게 옷을 입고 다니기도 했고, 2월말에서 3월초 사이의 어중간한 날씨에 들고 간 옷들과 함께 입기에, 그리고 포인트 될 만한 색으로 잘 맞았던 옷이었다.

언젠간 입으리라 다짐하며 옷장에 간직했지만 매번 입는데 실패했다. 결국 입지 않는 옷을 정리하면서 이 재킷도 헌옷더미 속으로 작별을 고했다.

재킷은 그 순간에 가장 나에게 필요한 대상으로 내 곁에 머물렀던 것 같다. 어떤 물건, 사람, 환경이든 가장 적절한 타이밍에 나에게 찾아오면 중요한 인연이 된다. 정말 오랫동안 생사고락을 함께하게 되는 인연들도 있지만 사람은 계속 변해가는 존재이기에 언젠가는 떠나보내게 된다. 아름답게, 아프게, 갑작스럽게, 덤덤하게 이별들은 찾아온다.

잠시 내리는 비

짧은 쇼핑을 마치고 허기를 달래기 위해 카페에 들어갔다. 바깥 경치를 바라보며 먹을 수 있는 자리를 택했다. 음식을 기다리는 동안 갑자기 하늘은 시커먼 먹구름으로 뒤덮였다.

방향을 예측할 수 없는 비바람이 사정없이 도시를 때렸다. 길을 걷던 사람들은 하릴없이 비를 정통으로 맞으며 걸어갔다. 우산을 쓰는 이도 드물었고 가방이나 손으로 비를 막는 사람도 없었다. 그나마 적극적으로 비를 막는 방법은 옷에 달린 모자를 쓰는 것뿐이었다. 뛰어가는 사람도 없었다. 사람들은 그저 묵묵히 사방에서 달려드는 비를 받아들이며 걸어갔다.

식사가 다 끝나기도 전에 언제 그랬냐는 듯 하늘은 맑게 개었다. 친구와 나는 널뛰는 날씨를 신기해하며 밖을 바라보았다. 짧은 순간에 벌어진 일이었지만 그날의 날씨는 어떤 말보다도 더 커다란 깨달음을 주었다. 파리 사람들은 비를 피하려 애쓰기보다 그저 비를 온 몸으로 맞고 느낀다는 것. 예측할 수 없는 궂은 날씨는 예상보다 훨씬 빠르게 끝나고 찾아오는 하늘은 더없이 아름답다는 걸.

카페에서 나와 노트르담 대성당(Cathédrale Notre-Dame de Paris) 주변을 걸었다. 친구는 성당 앞에서 사진을 찍기 위해 스스럼없이 다양한 포즈를 취했다. 사진 찍히는 게 부끄러운 나는 친구의 자연스러운 모습에 용기를 얻어 팔을 뻗고 몸을 이리저리 돌려보았다. 덕분에 노트르담 대성당이 나온 사진이 꽤 여러 장 남았다. 이후에 노트르담 성당 화재 소식에 큰 충격을 받았다. 화재가 나기 전 성당의 모습과 함께 내가 사진에 남아 있어서 다행이라고 생각했다. 사진 속의 나는 아주 행복하고 신나 보였다. 삶이 너무 절박해서 떠난 사람의 표정이라고 상상할 수 없다. 그 당시의 나는 너무 힘들었지만 돌아보면 그 시간의 기록과 창작물은 찬란해 보인다. 이게 바로 삶의 아이러니 아니겠는가.

친구와 재즈 공연을 보고자 다시 길을 나섰다. 재즈 바가 많다는 퐁피두센터 근처 골목으로 갔다. 신예들이 공연하는 몇몇 재즈바를 둘러본 다음 마침내 르 뒥 데 롱바르 재즈(Le Duc des Lombards)바에서 공연을 보기 위해 줄을 섰다. 줄을 기다리는 동안 해는 졌고 골목은 어둑어둑해졌다. 현지 뮤지션의 연주를 듣고 싶었는데 미국 밴드의 연주여서 조금 아쉽긴 했다. 하지만 나이가 지긋한 피아니스트와 디테일한 연주까지 들려주었던 드러머, 안정적으로 기초를 깔아주었던 베이시스트, 색소포니스트의 파워풀한 연주는 훌륭했다.

나는 아마추어 재즈밴드 활동을 하면서 재즈에 꽤 많은 지식과 애정이 생겼다. 전에는 재즈를 배경 음악이나 노래를 위한 들러리쯤으로 여겼다. 하지만 재즈 세션의 앙상블과 솔로 연주에 대해 알게 되면서 재즈 연주를 귀 기울여 듣게 되었다.

보통 베이스 파트를 맞는 악기는 저음으로 깔려있기에 잘 들리지 않아 귀 기울여 듣지 않으면 존재감을 느끼기가 쉽지 않다. 화려하게 고음의 기교를 뽐내는 악기나, 보컬에 관심이 집중되기 마련이니까 말이다. 베이스는 드럼과 함께 박자의 기초를 다지고 저음을 안정적으로 연주해준다. 모든 악기가 다함께 연주를 하다가 각 악기별로 솔로 연주를 돌아가며 하는 시점이 있다. 그때 다른 악기들은 아예 빠지거나 작게 아주 기본적인 연주를 깔아준다.

베이스의 소리는 이 솔로 연주 때 비로소 그 진가를 느낄 수 있는데 묵직하게 잡아내는 규칙적인 소리와 악기의 몸통을 진동하며 나오는 소리는 안정감과 마음의 울림을 준다. 베이스 기타로 베이스 파트를 연주하기도 하지만 나는 사람 몸집만 한 콘트라베이스를 손으로 뜯으며 연주하는 것을 듣고, 보는 게 좋다.

재즈 밴드 연주는 마치 우리가 함께 살아가는 인생 같다. 모든 악기가 저마다 소리와 방식으로 함께 녹아들고 음악을 만든다. 그 안에 무엇 하나 소중하지 않은 존재는 없다. 서로 비교하기보다 함께 기뻐하며 박수를 보내고 내 차례가 오면 최선을 다한다. 자신의 자리를 묵묵히 채워가면서.

사실 나는 내 삶을 그렇게 바라보지 못할 때가 훨씬 더 많다. 끝없이 다른 이의 성과를 보며 자괴감에 빠지고 남과 나를 비교하곤 한다. 굳이 빠지지 않아도 되는 감정의 수렁에 빠져 허우적거리다 시간과 에너지를 낭비할 때도 많다. 하지만 마치 재즈 연주처럼 꾸준히 박자에 맞춰 빈 곳을 채워주며 균형을 잡아가다 나의 독주 타임에 최선을 다하고 또다시 제자리로 돌아가는 것. 그것이 최선의 삶이란 걸 이제는 조금 이해할 수 있다.

한국에서 노트르담성당 화재 소식을 들었다. 파리에서 보낸 짧은 10일 동안 가장 오래 근처에 머물고, 주변을 뱅뱅 돌았으며, 엄청난 양의 사진을 찍어댔던 곳. 다시 파리로 돌아올 수 있을거란 기대로 찾아갔던 제로 포인트 때문에 나에게 어마어마한 추억거리를 남긴 곳.

우리나라 국보 숭례문 화재가 났을 때만큼이나 큰 충격을 받았다. 뮤지컬 '노트르담 드 파리' 와 원작인 '노틀담의 곱추' 를 제대로 관람하거나 읽어본 적도 없다. 하지만 내 개인사에

사실 나는 내 삶을 그렇게 바라보지 못할 때가 훨씬 더 많다. 끝없이 다른 이의 성과를 보며 자괴감에 빠지고 남과 나를 비교하곤 한다. 굳이 빠지지 않아도 되는 감정의 수렁에 빠져 허우적거리다 시간과 에너지를 낭비할 때도 많다. 하지만 마치 재즈 연주처럼 꾸준히 박자에 맞춰 빈 곳을 채워주며 균형을 잡아가다 나의 독주 타임에 최선을 다하고 또다시 제자리로 돌아가는 것. 그것이 최선의 삶이란 걸 이제는 조금 이해할 수 있다.

서 노트르담 성당이 차지한 의미가 컸기 때문일까. 화재 소식에 마음이 덜컹 무너져 내리는 것만 같았다.

2019년 다시 찾은 파리에서 보수공사중인 노트르담을 마주했다. 여전히 그곳에 서 있지만 더 이상 2017년에 만났던 존재가 아니라는 생각에 왠지 모르게 서글퍼지기까지 했다.

하지만 변하지 않고 늘 같은 모습으로 존재하는 것이 세상에 어디 있을까. 나조차도 2017년에 노트르담을 마주하던 그 때와는 다른 존재가 되어있었으니 말이다.

화재가 아니었다 해도 수없이 많은 햇살과 대기, 그리고 사람들의 손길을 통해 노트르담은 매초 매 순간 새롭고 다른 존재가 되어갔으니. 나 또한 새로운 사람들과 사건을 만나고 삶을 느끼고 대하는 방식들이 달라지고, 새로운 세포로 시시각각 달라져가고 있는 것처럼 말이다.

무엇이든 그렇게 조금씩 바뀌어간다. 어느 장소와 사건, 사람에 대한 마음들이 시간이 지날수록 달라져간다. 2016년에는 나에게 별다른 의미가 없었던 노트르담 성당이 2017년에 어마어마한 의미가 되었듯이.

별다른 의미 없이 스쳐지나가는 인연이든, 한때 너무도 소중했고 아름다웠던 기억이든, 너무 아프고 고통스러워서 묻어두고 싶은 일이든, 모든 것은 그렇게 끊임없이 바뀌어간다. 그러니 나는 고통이든 기쁨이든, 별 시덥잖은 경험이든 그저 매 순간 순간을 소중히 받아들이고, 또 그렇게 잘 흘러 보낼 수 있기를 바래본다.

8장

나만의 틀에서 벗어날 용기

Centre Georges-Pompidou

비가 추적추적 내리는 날 민영 씨를 만나러 퐁피두센터로 향했다. 민영 씨와 꼭대기 층에 있는 조르주 레스토랑에 들어갔다. 회색과 빨간색으로 페인팅된 천장, 밝은 회색으로 칠해진 분리된 공간, 파란색으로 페인팅된 파이프 그리고 테이블마다 꽂힌 붉은 장미 한 송이가 눈길을 사로잡았다.

커피가 나오자 민영 씨는 창문 너머로 보이는 흐린 파리 시내를, 나는 카페 안의 풍경을 드로잉했다. 사람들의 말소리는 기분이 묘하게 좋아지는 ASMR 같았다. 창 밖으로 비에 촉촉하게 젖은 파리 시내가 내려다 보였다. 바깥 풍경과 나를 함께 담고자 사진을 여러 번 찍었다. 그런데 사진을 보정하려니

언제나 이런 문제에 봉착한다. 하지만 결국 선택하는 사람의 만족이 중요할 뿐이다. 양자택일 혹은 선택과 집중. 유명세와 자유로움. 권태가 있는 안정과 모험이 있는 불안정. 아니면 모두를 아우를 수 있는 적당한 결과물이겠지. 무엇이든 정답이 있는 건 아니니까.

바깥 풍경이든 내 모습이든 하나에 집중하면 다른 하나는 흐려지는 결과물이 나왔다.

언제나 이런 문제에 봉착한다. 하지만 결국 선택하는 사람의 만족이 중요할 뿐이다. 양자택일 혹은 선택과 집중. 유명세와 자유로움. 권태가 있는 안정과 모험이 있는 불안정. 아니면 모두를 아우를 수 있는 적당한 결과물이겠지. 무엇이든 정답이 있는 건 아니니까.

전시장 곳곳에 어린 아이들과 학생들이 있었다. 학생들은 아이들에게 컴퓨터로 교과서에 나 볼 법한 그림을 보여주고 아이들은 그 그림을 따라 그렸다. 얼마나 좋을까 이 아이들은. 지금은 뭐가 뭔지 모르겠지만 나중에 자라고 나면 어마어마한 문화적 자양분을 받았다는 걸 깨닫겠지. 어렸을 때 우리나라의 문화재나 예술 작품을 접했을 때 별 감흥 없이 바라봤던 기억이 났다. 자신의 문화를 받아들이는 온도는 다 비슷하지 않을까. 정체성과 문화적 배경이 다른 세상과 만났을 때 더 의미가 깊어지고 새로운 가치가 부여되는 거니까. 마치 내가 파리를 동경하고 직접 겪어본 다음에야 내 일상을 새로운 관점에서 보게 된 것처럼.

다음 층으로 올라가 익숙한 소변기를 만났다. 마르셀 뒤샹(Henri Robert Marcel Duchamp)의 '샘'이었다. 작품 주변에는 사람들이 아주 많이 모여 있었다. 사람들은 유리창 너머 실외에 전시된 조형물을 흥미롭게 보고 있었다. 화분 크기의 통에 거꾸로 박혀 있는 남성의 나체였다. 처음엔 실제 사람의 몸처럼 질감을 잘 살려 만들었다고 생각했다. 그런데 싸늘한 바깥 날씨에 조형물은 미세하게 몸을 떨기 시작했다. 촬영팀은 그 모습을 촬영했고 예술에 일가견이 있어 보이는 곱슬머리 남성이 이것저것 조정했다.

민영 씨는 우리보다 먼저 와서 이 모습을 지켜보던 사람에게 이것저것 물어봤고 곧 돌아와서 흥분한 목소리로 조형물이 아니라 실제 사람이라고 말해줬다. 그가 통 안에 머리를 거꾸로 박은지 꽤 됐고 그가 곧 저기서 나올 것 같다고. 조형물이 아니라 진짜 사람이라니. 얼굴이 붉어지면서 남자를 제대로 쳐다보기가 힘들었다.

유리창 안쪽 실내에서는 어린 남매가 나란히 붙어 남자의 몸을 살펴봤다. 몇몇 사람들은 가까이 다가가 사진을 찍기도 했다. 잠시 후 남자는 화분에서 나와 늠름하게 별 일 아니라는 듯이 두 발로 서서 미술관 안쪽에 있는 사람들에게 목례를 하고 유유히 사라졌다. 마르셀 뒤샹이 소변기를 '샘'이라고 표현한 것처럼 그도 자신을 화분에 심겨진 '나무'라고 표현한 걸까. 창작자가 부끄러움을 무릅쓰고 자신이 말하고자 하는 바를 보여주고 그 모습을 본 사람들은 각자의 방식으로 작품을 해석하고 받아들였다.

사이 트웜블리(Cy Twombly)의 작품이 한 전시실을 가득 채우

고 있었다. 나에게 생소한 작가였는데 미국의 추상표현주의 2세대 화가로 장 미셸 바스키아(Jean-Michel Basquiat)와 키스 해링(Keith Allen Haring)에게 큰 영향을 주었다고 한다.

원형을 스프링처럼 이어 그린 듯한 그림에서 부분부분 알록달록한 낙서로 채워진 작품. 색으로 면을 가득 채웠지만 오묘한 색 묘사가 마치 비 오던 퐁피두센터 창문 밖 풍경 같았다. 낙서와 드로잉, 캘리그라피를 결합한 그의 작품은 그저 휘갈긴 낙서처럼 보이지 않았고 적재적소에 색과 그림이 잘 배치됐다고 생각했다. 거대한 화폭에 온 힘을 다해 작업해 나갔을 작가의 움직임을 상상하면서 작품을 바라보니 그의 작업 현장에 함께 있는 듯한 착각에 빠졌다. 그 경험은 내가 갇혀있던 틀 안에서 빠져나올 수 있는 용기를 주기도 한다.

내 생애 첫 번째 향수

여행 가이드북에서 파리에 오면 여기는 꼭 가야 한다고 추천해 주는 곳이 있다. 그중 하나가 바로 몽주 약국(Pharmacie Monge Notre Dame)이다. 약국에서 화장품을 판다니 신기해하며 들어갔다. 약국 안은 마치 한국인 것 같았다. 여기저기서 친근한 한국어가 고막을 두드렸다. 동행이 나에게 물건을 몇 개 추천해 주었다.

나는 한국에서 비싸게 파는 치약과 헤어 용품, 화장품을 집어 들었다. 한 번쯤 들어본 브랜드지만 사치라는 생각에 한 번도 살 생각을 못 했던 제품이었다. 그러다가 친구를 따라 향수를 시향 했는데 우연히 뿌린 향에 꽂혀버렸다. 꽃향기가 관능적으로 느껴졌다. 그때까지만 해도 아는 향수 브랜드가 거의 없었다. 향수는 자신의 채취를 가리고 누군가를 유혹하는, 비싸고 쓸모없는 물건이라고 생각해서 향수를 뿌리는 행위를 죄악(?)으로 생각했다.

그렇게 산, 내 생에 가장 비싼 향수가 지방시 이레지스터블이다. 끝까지 탈탈 털어 마지막 한 방울까지 쓴 최초의 향수였다. 파리로 떠나지 않았다면 나는 향수를 살 생각조차 하지 못했을 테고, 그날의 무드에 맞게 향수를 뿌리는 사람이 되지 못했을 것이다. 그동안 스스로 금기했던 행동이 여럿 있었다. 그 자물쇠를 해체하는 작업을 하고 있었는데 향수도 그중 하나였다.

파리에서 구매한 이 향수는 나에게 큰 기폭제가 되었다. 매력적인 사람이 되려는 노력은 죄가 아니라는 것을 깨달았다. 새로운 경험을 통해 나도 몰랐던 나만의 취향을 알게 된다. 아직 만나지 못했을 뿐 세상 어딘가엔 내가 좋아하는 맛, 색, 소리, 향이 존재하겠지. 그러니 최대한 온 세상에 감각을 열어두어야지. 언제 새로운 세계와 만나 잠자고 있는 내 안의 비밀이 깨어날지 모르니까.

몽주 약국에서 쇼핑을 마치고 근처에 있는 소르본 대학교(Sorbonne Université) 주변을 거닐었다. 파리 유학에 대한 로망이 있었고 그중 소르본 대학교는 워낙 유명해 꼭 와 보고 싶

SORBONNE

매력적인 사람이 되려는 노력은 죄가 아니라는 것을 깨달았다. 새로운 경험을 통해 나도 몰랐던 나만의 취향을 알게 된다. 아직 만나지 못했을 뿐 세상 어딘가엔 내가 좋아하는 맛, 색, 소리, 향이 존재하겠지. 그러니 최대한 온 세상에 감각을 열어두어야지. 언제 새로운 세계와 만나 잠자고 있는 내 안의 비밀이 깨어날지 모르니까.

었다. 비가 추적추적 내리던 날씨는 어느덧 개어서 적당히 구름이 있는 예쁜 하늘이 보이기 시작했다. 친구는 맑게 갠 하늘과 소르본 대학교 거리를 배경으로 사진을 찍어줬다. 누군가 사진을 찍어주면 늘 어색하게 웃었는데 그때의 사진 속 나는 참 편안하게 웃고 있다.

그리곤 정처 없이 돌아다니며 골목골목을 눈에 담았다. 그러다가 어떤 동상을 만났다. 오른쪽 발만 반들반들하게 황금색으로 빛났다. 왠지 의미 있는 인물인 것 같아 사진에 담아두었는데 찾아보니 '수상록'의 저자인 미셸 드 몽테뉴(Michel Eyquem de Montaigne)였다. 그의 동상을 계기로 작은 지식의 조각을 얻은 셈이다.

한때 나는 지독한 금욕주의자였다. 공동체나 단체의 대의를 중요하게 여겼고 그 부속으로 살아가는 것을 미덕으로 여겼다. 내 본성에 대해서 탐구하기를 거부했다. 하지만 어느 순간부터는 살기 위해 욕망에 충실하려고 애썼다. 지난 삶과 현재 사회적 위치와의 괴리 때문에 괴로워했다. 우연히 눈길을 끌었던 몽테뉴의 동상은 한 번도 관심을 가져본 적 없는 사상과 이론에 대해 주의를 기울이게 해줬고 나에게 또 다른 깨달음을 줬다. 몽테뉴조차도 금욕적이고 보수적인 인생관을 가르쳤지만 진리라고 믿었던 거대한 담론이 순식간에 바뀌는 사건을 겪으며 결국 인간의 자연스러운 본성을 따라가는 것으로 시각이 바뀌어갔던 모양이다.

몽테뉴 동상을 지나 알지 못하는 골목을 걸어갔다. 예쁜 가게가 눈을 사로잡았다. 유리창 너머로 하얀 눈이 쌓인 피규어와 스키 리프트가 보였다. 겨울을 떠올리면 시리고 아픈 기억을 먼저 생각하는 나에게 그 가게는 어떤 동경을 불러일으켰

다. 클림트의 '키스'를 내 손만 한 크기로 만든 조각도 있었다. 한참 고민하다가 사진 않았는데 지금까지 생각나는 걸 보면 비싸더라도 샀어야 했나 보다. 작업대 위에서 자주 만났다면 나는 또 어떤 영감을 받았을까.

가게를 벗어나 주택가 쪽으로 걸어갔다. 일부러 구불구불한 골목길을 따라 걸었다. 어떤 숨겨진 보물이라도 찾듯이. 이번에는 서 있는 남자 동상을 발견했다. 동상은 맨발로 서서 하늘 너머 어딘가를 응시하고 있었고 팔에는 책을 안고 있

었다. 앙상한 나뭇가지와 함께 있는 동상은 아주 오래 전부터 그곳에 자리 잡은 듯했다. 화려하지 않아 시선을 사로잡지는 않았지만 묘하게 자꾸만 쳐다보게 되었다. 동상의 인물은 루마니아의 시인 미하이 에미네스쿠(Mihai Eminescu)로 사랑, 삶, 죽음에 대해 서정적인 시를 썼다. 서울로 돌아와 에미네스쿠의 동상을 떠올리며 글을 썼다.

파리 골목 어귀에서 만난 시인의 동상처럼
확신과 열의에 찬 눈빛으로 고개를 들자

그의 팔 위에 가득한 시집들처럼
내가 사랑하는 것들을 온 몸으로 품어내자

나무들이 처음 싹을 틔우고, 이 도시가 처음 생겨날 적부터 함께
있었던 것인냥
아름답게 어우러져있는 동상처럼

나도 그렇게 삶을 살자
예술을 살자
후회 없이 살자

완벽은 버리고, 마음 가는 대로, 거칠게

모네의 정원인 지베르니에 가려고 했지만 그때는 정원에 나무와 꽃이 만연할 때가 아니라 포기했다. 대신 모네의 수련 연작이 있는 오랑주리 미술관에 갔다. 미술관에 들어가기 전, 근처 정원에서 주변 풍경을 한참 동안 바라보았다. 연못 주변에는 간이 의자가 꽤 많았다. 비가 내리는 조금 쌀쌀한 날씨여서 아무도 없었다. 대신 연못 주위를 오가는 이름 모를 하얀 새와 오리 떼가 여백을 채웠다. 그 풍경을 영상으로 담았다. 나를 피해가려고 바삐 걸어가는 새와 물 위를 유유히 헤엄치던 오리의 모습이 담겼다.

본격적인 여행 시즌이 아니어서 그랬는지, 날이 흐려서였는지 미술관 안에 사람이 그다지 많지 않았다. 나중에 오랑주리 미술관을 다시 갔을 때 길게 늘어선 인파를 보고 그날이 이례적이었다는 걸 알았다. 드디어 모네의 '수련'이 있는 방에 들어갔다. 둥근 벽면에 가로로 긴 모네의 그림이 자리 잡고 있었다. 사람들이 각자의 방법으로 그림을 감상하고 있었다. 중앙의 의자에 앉아 턱을 괴고 말없이 눈을 감고 있는 사람, 그림 앞에 우두커니 서 한참을 들여다 보는 사람, 아이에게 무언가를 설명해 주는 사람, 사연이 있는 표정으로 그림을 보던 여자, 사진으로 그림을 이리저리 담아보고 있던 꼬마. 수련의 방은 모네의 그림과 사람들이 마치 한 작품처럼 어우러져 있었다. 나는 그 모습을 그림으로 그렸다. 모네가 지베

르니의 풍경을 그린 그림에서 사용했던 색을 사용해 색연필로 꾹꾹 눌러 담았다.

파리에서의 기억을 책으로 남기기 위해 그림을 정리하면서 오랑주리 미술관을 다시 그려야겠다고 생각했다. 그곳에서 내 눈을 사로잡았던 색을 표현하고 싶어서 벽에 전지를 붙이고 아크릴 물감으로 열심히 칠했다. 그동안 집에서 그림을 간편하게 스캔하고자 A4가 넘지 않는 그림을 그리거나 조각 그림을 여러 개 그리곤 했는데 이번엔 큰 캔버스를 선택했다. 캔버스가 커지면 그림의 완성도도 높아야 하기 때문에 그동안 주저했다. 이번엔 완벽해야 한다는 생각을 접고 캔버스에 오랑주리 미술관을 그리기로 했다. 밑그림을 그리는 대신 내 스타일 대로 거칠게 색칠을 시작했다. 모네가 지베르니의 풍경을 정형화된 스타일로 그리지 않은 것처럼 나도 기억 속의 풍경을 그렸다. 모네의 그림과 비가 조금씩 내리던 초봄의 한적한 미술관 뜰을.

이후에 파리를 다시 방문할 기회가 있었는데 그때도 지베르니에 갈 수 있는 일정이 아니라서 오랑주리 미술관을 다시 방문했다. 날씨가 정말 좋아 예전에 방문했을 때 비어있던 정원의 의자엔 사람들이 가득찼다. 그때의 새와 오리는 찾을 수 없었다. 그 곳이 뛸르히 가든(Jardin des Tuileries)이고, 길게 이어져 거닐기 좋은 곳이라는 건 두 번째 방문했을 때 알게된 사실이다. 비록 지베르니에 가지 못했지만 이미 뛸르히 가든에서 느꼈던 여유와 정취로 충분했다.

작업실 이야기

나의 버킷리스트 중 하나는 작은 정원이 있는 작업실을 마련하는 것이다. 나무와 풀을 마음껏 보고 계절이 변화하는 모습을 숨쉬듯 지켜보고 싶다. 시원한 에어컨 바람보다 조금 후덥지근해도 나무 그늘 아래에 앉아 자연이 보내는 바람을 맞고 싶다. 아마 나이가 들어간다는 것을 그런 것일 테지. 인간은 흙에서 와서 흙으로 돌아간다는 말처럼 사람은 자연 가까이에서 숨 쉬며 자연의 속도에 맞춰 살아가야 편안함을 느끼는 것 같다. 그렇게 살고 싶어서 추위를 견딜 수 있는 나무들을 작업실의 화분에 옮겨 심었다. 언젠가 정원이 있는 작업실을 갖게 된다면 이 친구들을 땅에 옮겨 심어야지.

중정(中庭)이 있는 한옥 작업실을 상상해 보기도 했다. 궁극적으로는 2층짜리 주택을 개조한 테라스와 마당이 있는 작업실을 가장 많이 그려보았다. 1층은 갤러리 카페 겸 여러 다양한 클래스와 모임이 진행될 수 있는 공간으로, 2층은 그림과 패브릭, 음악 등 총체적인 내 작업을 위한 작업 공간으로 사용되는 곳 말이다. 1층엔 정원을 가꾸어 계절을 따라 여러 꽃나무들이 돌아가며 꽃을 피워내고 푸른 나뭇잎들이 있어 마음과 눈이 쉬어가고 영감을 받았으면 좋겠다. 내가 가장 많이 위안 받는 것이 식물들 속에 머무를 때이기에. 그 공간을 방문하는 사람들도 내가 느끼는 위로와 힘들을 받을 수 있기를.

에필로그

모든 일상이 다 예술이니까

총체적 딴따라의 방으로 오세요

해질 무렵이 되면 에펠탑엔 불이 켜졌다. 특정 시간이 되면 반짝반짝 거리기도 했다. 한인 민박 스태프는 자정이 되면 주황 불빛이 하얀색으로 바뀐다고 알려주었다. 그는 사람이 없는 골목에서 그 모습을 보는 걸 좋아한다면서. 겨울이 남아 있는 파리의 밤은 꽤 추웠다. 숙소에서 처음 만나 인사를 나누고, 길동무가 되어주고, 서로의 사진을 찍어주고, 각자의 미래를 응원해준 사람들과 자정의 에펠탑을 함께 보기로 했다.

잠옷 위에 대충 외투를 걸치고 숙소 앞 골목으로 나갔다. 우리는 자정이 다가오는 어두운 밤 골목에서 깔깔거리며 시계와 에펠탑을 번갈아 들여다봤다. 오들오들 떨면서 기다리면서도 뭐가 좋은지 자꾸만 웃었다. 마침내 자정이 됐고 에펠탑은 별이 쏟아지듯이 빛나기 시작했다. 하얗게 빛나는 탑을 바라보며 마음속으로 각자의 소원을 빌었다. 파리에서 가장 기억에 남았던 순간은 그렇게 예상하지 못한 시간 속에서 만들어졌다.

민박 스태프는 한국으로 돌아가기 전에 '포인트 제로'(Point Zero)를 꼭 밟겠다고 했다. 포인트 제로는 노트르담 성당 뜰 바닥에 돌로 새겨져 있는데 이를 기준으로 프랑스 전역의 거리가 측정된다고 한다. 그는 제로 포인트 위에서 시계 반대 방향으로 한 바퀴 돌면 다시 파리에 올수 있다고 했다. 어떻게 해서라도 다시 파리에 돌아와야 한다는 생각에 사로잡혔

던 나는 다음날 포인트 제로의 정확한 위치를 확인하지도 않고 숙소를 나섰다. 포인트 제로에 가기 전, 오페라 하우스 근처의 스타벅스에 자리를 잡고 드로잉을 했다. 파리를 떠나는 마지막 날이라고 생각하니 괜히 센치해지고 눈물이 날 것 같았다. 문제는 다음이었다.

비바람은 파리를 떠나는 날까지 여전했다. 포인트 제로가 어딘지도 모른 채 바닥 어딘가에 있을 거라고 막연히 생각하며 무작정 걸었다. 바람과 함께 날아드는 비 때문에 카메라가 젖지 않게 겉옷을 움켜쥐고 바닥을 열심히 찾았지만 결국 포기하고 돌아가야 했다. 지하철을 급하게 타는 바람에 가방에 자물쇠도 채우지 못했는데 그날따라 파리에서 지하철을 탄 이래 가장 많은 승객을 만났다. 설상가상으로 나는 반대 방향으로 가고 있었다. 급하게 내렸는데 아뿔싸, 가방의 지퍼는 활짝 열려 있었고 현금과 각종 카드를 넣어 두었던 지갑만 마법처럼 사라졌다.

집에 못 갈 수도 있다는 공포에 온 몸에선 땀이 나기 시작했고 눈도 심하게 충혈되었다. 전화가 지하에서 터지지 않았기 때문에 밖으로 달려갔다. 우선 카드부터 정지시켰다. 눈물은 쏙 들어가버린지 오래였다. 할 수 없이 숙소에서 비상금을 조금 빌려 다시 공항으로 부랴부랴 향했다. 다행히 항공사 직원의 도움으로 비행기를 탈 수 있었다.

예술이란 무엇일까, 예술가란 무엇일까? 어쩌면 답은 내 삶 자체에 이미 있었던 게 아닐까. 파리 여행의 처음과 끝은 낯선 여행자로서 겪었던 서러움 같은 것이었다. 결국 나는 여행자라는 사실을 확인하게 하는 매운 맛 사건들. 그렇지만 우리 모두는 인생이라는 여행의 여행자가 아니던가. 우리는 모든 일상을 살아내는 예술가이고, 그 무엇이든 예술이 될 수 있음을 깨달았다. 그래, 총체적 딴따라의 방은 이제부터 시작이다.

집으로 돌아와 가장 먼저 떡국과 김치를 먹었다. 파리에서의 한기를 몰아내듯 따뜻한 국물을 들이켰다. 아, 이제야 돌아왔구나.

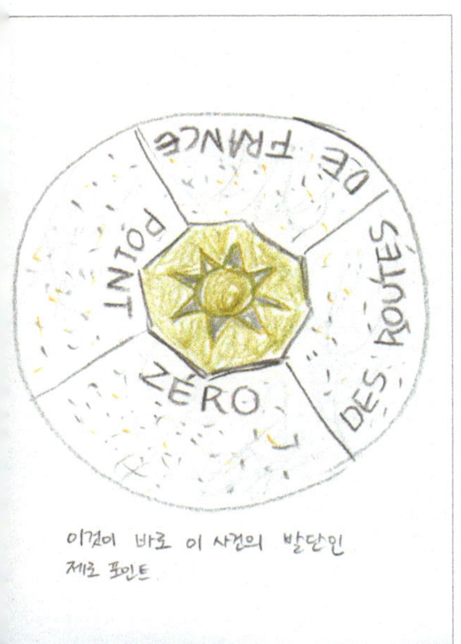
POINT ZÉRO DES ROUTES DE FRANCE
이것이 바로 이 사건의 발단인
제로 포인트

한인 민박의 스탭이던
그녀가 이제 한국으로
돌아간다고 했다
내일 귀국이라 오늘 제로포인트 밟고 오려구요
그게 뭐예요?
노트르담 성당에 있는 한 지점인데. 거길 밟으면 다시 파리로 돌아온다는 전설(?)이 있대요. 그 덕분인지 전 지금까지 여러번 빠리를 왔어요.

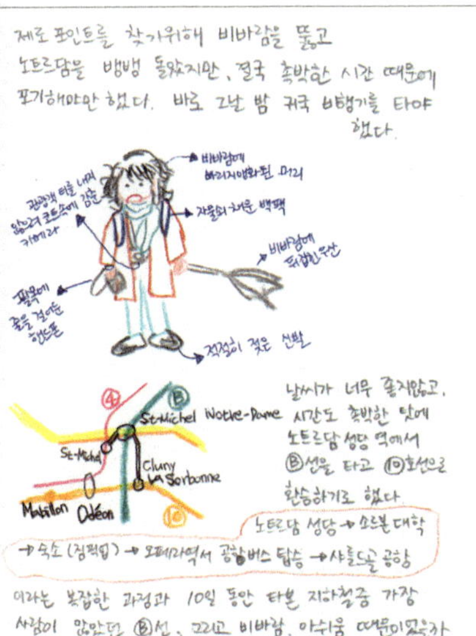
제로 포인트를 찾기위해 비바람을 뚫고
노트르담을 뱅뱅 돌았지만, 결국 촉박한 시간 때문에
포기해야만 했다. 바로 그날 밤 귀국 비행기를 타야
했다.
비바람에 뻐리지앵화된 머리
관광객 티를 내지 않으려 코트속에 감춘 카메라
자물쇠 채운 백팩
비바람에 뒤집힌 우산
팔목에 줄을 걸어둔 핸드폰
적절히 젖은 신발
St-Michel Notre-Dame
St-Michel
Cluny La Sorbonne
Mabillon
Odéon
날씨가 너무 좋지않고, 시간도 촉박한 탓에
노트르담 성당 역에서
Ⓑ선을 타고 ⑩호선으로
환승하기로 했다
노트르담 성당 → 소르본 대학 → 숙소 (짐픽업) → 오페라역서 공항버스 탑승 → 샤를드골 공항
이라는 복잡한 과정과 10일 동안 타본 지하철중 가장
사람이 많았던 Ⓑ선, 그리고 비바람. 아쉬움 때문이었을까

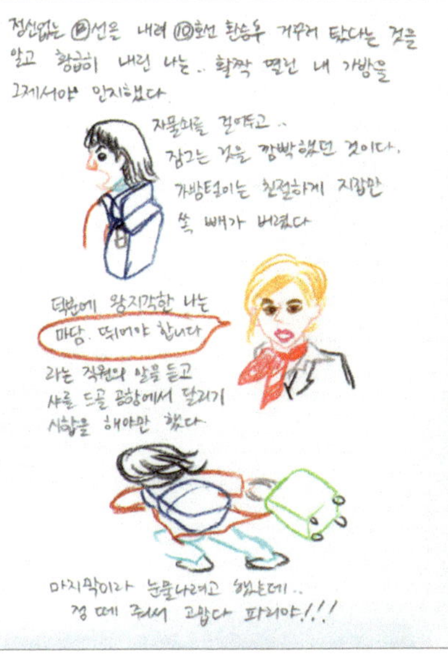
정신없는 Ⓑ선은 내려 ⑩호선 환승후 거꾸러 탔다는 것을
알고 황급히 내린 나는.. 활짝 열린 내 가방을
그제서야 인지했다
자물쇠를 걸어두고..
잠그는 것을 깜빡했던 것이다.
가방털이는 친절하게 지갑만
쏙 빼가 버렸다
덕분에 왕지각한 나는
마담. 뛰어야 합니다
라는 직원의 말을 듣고
샤를 드골 공항에서 달리기
시합을 해야만 했다
마지막이라 눈물나려고 했는데..
정 떼 줘서 고맙다 파리야!!!